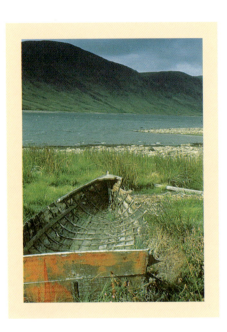

Single Malt Whisky

Das Handbuch für Genießer

HELEN ARTHUR

EVERGREEN is an imprint of
Benedikt Taschen Verlag GmbH

© für diese Ausgabe: 1998 Benedikt Taschen Verlag GmbH
Hohenzollernring 53, D–50672 Köln
The Single Malt Whisky Companion. A Connoisseur's Guide
was first published in 1997 by The Apple Press,
6 Blundell Street, London N7 9BH
© 1997 Quintet Publishing Limited
Übersetzung aus dem Englischen
(für Agents-Producers-Editors):
Andreas Kellermann, Berlin
Redaktion und Satz der deutschen Ausgabe:
Agents-Producers-Editors, Overath
Umschlaggestaltung: Angelika Taschen, Köln

Printed in China
ISBN 3-8228-7597-X

Inhalt

Vorwort	6
Einleitung der Autorin	7

Teil eins

Die Welt des Single Malt Whisky	9
Whisky, Teil von Schottlands Erbe	10
Ein kleines Whisky-Wörterbuch	14
Die Destillation von Malt Whisky	17
Die Malt-Whisky-Regionen Schottlands	28
Malt Whiskys aus aller Welt	42
Single Malt Whisky genießen	44

Teil zwei

Das Single-Malt-Whisky-Verzeichnis	49
Neue Brennereien, seltene Malts und Malt-Liköre	233

Teil drei

Anhang	241
Glossar	242
Whisky-Rezepte	245
Single Malt Whisky probieren und kaufen	248
Whisky als Investition	251
Nützliche Adressen	252
Register und Bildnachweise	254

Vorwort

Nun hat sich also doch jemand die Zeit genommen und die Mühe gemacht, gegen den Mythos anzugehen, daß die Welt des Whiskys eine ›Männerwelt‹ sei. Zwar gibt es viele Autorinnen, die über Whisky geschrieben haben und das auch weiterhin regelmäßig in Zeitungen und Zeitschriften tun. Soweit ich weiß, ist dieses Buch jedoch die erste eingehendere Abhandlung von einer Frau und als solche seit langem überfällig. Sie haben hier einen informativen Begleiter und ein erstklassiges Handbuch, das Sie zu Rate ziehen sollten, wenn Sie Ihren Lieblingswhisky kosten oder eine neue Marke ausprobieren. In punkto Geschmack sind Sie vielleicht nicht immer einer Meinung mit Helen Arthurs Einschätzungen und Kommentaren; zuweilen haben selbst wir beide freundschaftliche Meinungsverschiedenheiten, die wir dann bei einer weiteren Prüfung beizulegen suchen. Aber solche Meinungsverschiedenheiten mögen ruhig noch lange bestehen – es wäre ein trauriger Tag, an dem wir im Hinblick auf Geschmack uns alle einig sind. Die kleinen Unterschiede gehören nun einmal zu den Kostbarkeiten des großartigsten Getränks der Welt.

Was dem Whisky seinen Charakter gibt, ist eine Frage, die wohl nie zufriedenstellend beantwortet werden kann, obwohl viele Theorien dazu aufgestellt wurden. Wir wissen aber, daß jeder einzelne Whisky unterschiedliche Arten von Genuß bietet, und es bleibt Ihnen überlassen, sich Ihre eigenen Gedanken dazu zu machen und zu einem eigenen Urteil zu kommen.

Mit diesem Buch gibt Ihnen Helen Arthur einen Leitfaden an die Hand, mit dem Sie sich beim Genuß dieses Getränks orientieren können; Sie werden verzaubert sein vom Reiz der Entdeckung und ganz neuer sinnlicher Erfahrungen, von deren Existenz Sie bislang nicht einmal etwas ahnten.

Während Helen hofft, daß Sie bei der Lektüre dieses Buches nicht nur die Traditionen und handwerklichen Fertigkeiten der Whisky-Herstellung würdigen, sondern auch ein wenig von dem damit verbundenen Zauber erfahren, möchte ich Sie gern an die große Sorgfalt erinnern, mit der dieses Wissen über Generationen weitergegeben wurde.

Wallace Milroy, im April 1997

Einleitung der Autorin

Das Wort *Whisky* beschwört das Bild einer bernsteinfarbenen Flüssigkeit mit einer Vielfalt von Geschmacksrichtungen und Aromen herauf. Verbindet man *Whisky* mit dem Begriff *Scotch*, so beschwört man damit eine Reihe weiterer Vorstellungen: Die bernsteinfarbene Flüssigkeit gewinnt eine Tradition, einen Stammbaum, ja ein eigenes Leben. Bilder von heidekrautüberzogenen Hügeln, Torfmooren, kühlem, klarem Wasser, das über Granitfelsen rauscht, von Dudelsäcken, kiltverhüllten Knien, Hirschköpfen an eichengetäfelten Wänden, einem knisternden Feuer und einer Karaffe aus geschliffenem Kristallglas mit Kelchgläsern kommen einem in den Sinn.

Dieses Buch ist eine Einführung in die Welt der Single Malt Whiskys, also der Whiskys, die ausschließlich aus gemälzter Gerste hergestellt und in ganz bestimmten Brennereien gebrannt und nicht verschnitten werden. Es gibt in Schottland über 100 Whisky-Brennereien, und ihnen ist der größte Teil dieses Buches gewidmet. Einige der dort destillierten hochwertigen Malts sind gar nicht dazu bestimmt, unter einem eigenen Markennamen verkauft zu werden, sondern dienen für Verschnitte wie The Famous Grouse, Teacher's und Bell's. Zur Freude von Whisky-Kennern werden jedoch viele von ihnen auch in Flaschen abgefüllt und als Single Malts verkauft.

Im Hauptteil dieses Buches, dem Verzeichnis, erhalten Sie vor allem eine Auflistung der Malts, die allgemein im Handel erhältlich sind. Daneben finden Sie aber auch zahlreiche Informationen über seltene Malts, etwa aus stillgelegten Brennereien, über Whiskys, die wegen ihres Alters oder ihrer Stärke nicht allgemein zugänglich sind, und schließlich über einige Single Malts, die in Irland und Japan hergestellt werden. In vielen Brennereien sind Besucher gern gesehen; die Öffnungszeiten finden Sie ebenfalls in diesem Verzeichnis.

DIE SCHOTTISCHE WHISKY-PRODUKTION

Die schottische Whisky-Produktion belief sich im Jahr 1995 auf 1 407 9 0 0 Flaschen – eine beträchtliche Steigerung gegenüber 1994. Ungefähr 5 % davon sind Single Malts. Im Export setzte man 1995 damit etwa 30 Millionen Dollar um, was ca. 85 % des Gesamtumsatzes entspricht, wobei ein hoher Anteil des Exports auf Single Malts, limitierte Abfüllungen und Spezialabfüllungen entfällt.

Einleitung der Autorin

WHISKY ODER WHISKEY?

Der schottische *Whisky* ist in der Regel ein *Malt Whisky*, der aus gemälzter Gerste gebrannt wird. Die aus Irland und den USA stammenden *Whiskeys* oder *Grain Whiskys* dagegen sind das Produkt aus einer größeren Auswahl von Getreidesorten wie Roggen, Weizen und Mais. Die meisten der in Japan und Kanada vertriebenen Whiskys werden verwirrenderweise ebenfalls als *Whisky* etikettiert.

DANKSAGUNG DER AUTORIN

Allen, die mir dabei geholfen haben, dieses Buch zusammenzustellen, danke ich herzlich für ihre Zeit, ihre Gastfreundschaft und dafür, daß sie mich an ihrem Wissen teilhaben ließen. Die Brennereibesuche, die Nachforschungen in Archiven, die Gespräche mit Mitarbeitern aus allen Bereichen dieser Industrie und vor allem die Gelegenheit zur Verkostung so vieler ausgezeichneter Single Malts werden mir stets in Erinnerung bleiben. Danke!

Dieses Buch hätte ohne die Unterstützung zahlreicher Leute unmöglich fertiggestellt werden können. An erster Stelle danke ich Anna Briffa, der Herausgeberin, für ihre Geduld und ihre Ratschläge. Auch James McEwan von Morrison Bowmore Distillers gilt mein Dank für seine Unterstützung sowie Dr. Alan Rutherford von United Distillers für seine sachkundigen Auskünfte und seine Freundschaft. Außerdem sei all jenen in der schottischen Whisky-Industrie gedankt, mit denen ich im Laufe der Jahre arbeiten durfte – darunter Matthew Gloag von Matthew Gloag & Sons Ltd., Islay Campbell von Bowmore, Iain Henderson von Laphroaig, Mike Nicolson von Caol Ila, Alistair Skakles von Royal Lochnagar, Bill Bergius von den Allied Distillers, Ian Urquhart von Gordon & MacPhail, Campbell Evans von der Scotch Whisky Association sowie Caroline Dewar. Schließlich noch ein großes Dankeschön an Wallace Milroy, den gefeierten Whisky-Autor, und seinen Bruder John dafür, daß sie stets da waren, wenn ich sie brauchte. Ich danke ebenfalls meinem Team von Verkostern, die mir halfen, die vielen Single Malts zu genießen – Graham Cook, Sue Holmes, Charles Richardson-Bryant, Danny West und Tony Vigne.

Ich hoffe, die Lektüre vermittelt Ihnen einen Eindruck davon, was an Traditionen und Kenntnissen in die Whisky-Herstellung einfließt – vielleicht können Sie etwas von ihrem Zauber nachempfinden. Denn ohne diesen Zauber gäbe es keinen Single Malt.

Helen Arthur, Putley, Herefordshire, 1997

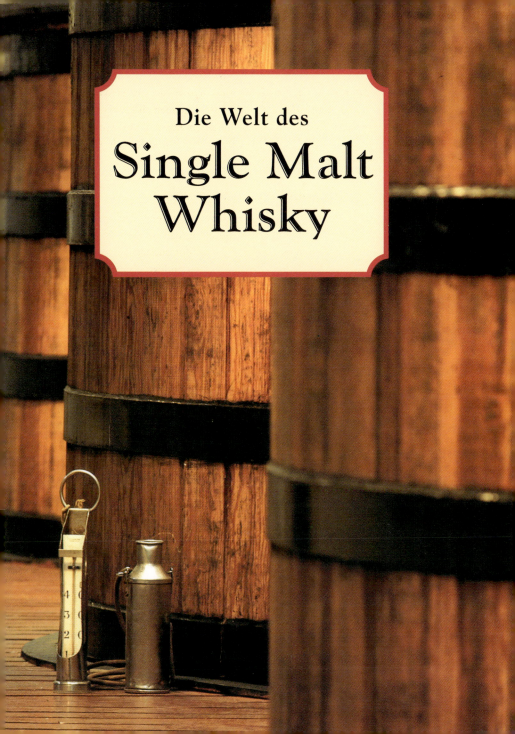
Die Welt des Single Malt Whisky

Whisky
Teil von Schottlands Erbe

Der erste Hinweis auf die Herstellung des Getränks, das wir als Scotch Whisky kennen, stammt aus dem Jahr 1494, als ein gewisser Bruder John Cor von Lindores Abbey bei Newburgh in der Grafschaft Fife als Käufer von acht »Schüsseln« Malz angeführt wird – mit denen man 35 Kisten Whisky herstellen konnte. Tatsächlich entwickelte sich die – gesetzlich erlaubte – private Whiskybrennerei früh zu einem festen Bestandteil der Wirtschaft der sprichwörtlich sparsamen schottischen Bauern. Im Sommer betrieb man Viehzucht und baute Gerste an, mit der man die Tiere in den Wintermonaten fütterte. Die überschüssige Gerste brannte man dann zu einem alkoholischen Getränk, das während der kalten Jahreszeit gut aufwärmte.

Als die puritanische Regierung 1643 nach dem Bürgerkrieg Steuern sowohl auf den Import von Spirituosen aus den Niederlanden als auch auf im Inland produzierte alkoholische Getränke erhob, war Schottland, das damals nicht unter englischer Herrschaft stand, davon nicht betroffen. Statt dessen stieg die Whisky-Produktion so stark an, daß sich das schottische Parlament 1644 dazu veranlaßt sah, seinerseits eine Verbrauchssteuer auf alkoholische Getränke zu erheben. Aus Mangel an Steuereintreibern und wegen der Tatsache, daß viele der Brennereien an entlegenen, unzugänglichen Orten lagen, wurde diese Steuer jedoch nie wirksam. Als Schottland 1707 unter englische Herrschaft kam, bemühte sich die neue Regierung darum, die Whisky-Brennerei zu kontrollieren. Eine Flut von Gesetzen, die die Brennereien mit mehreren unterschiedlichen Steuersätzen belegte, machte die Lage jedoch nur verworrener. Und trotz des Geleitschutzes durch englische Soldaten blieb das Eintreiben der ungeliebten Steuern eine gefährliche Aufgabe: Mehrere Steuereintreiber bezahlten ihre Bemühungen mit dem Leben. Geschichten über Heldenmut und Gerissenheit gegenüber diesen Beamten und Soldaten gehören zu vielen alten Brennereien.

Die Welt des Single Malt Whisky

Da die Brennereien meist klein waren und eine illegale Brennanlage sehr leicht abgebaut und fortgeschafft werden konnte, war es schwierig, sie ausfindig zu machen. Die Destillen bestanden oft nur aus einem Metallkessel, in dem Gerste, Hefe und Wasser über einem Feuer gekocht wurden, einem dünnen, langen, wassergekühlten Rohr, das den Dampf auffing, sowie einem Faß für das Rohdestillat.

Konnten die Apparaturen auch leicht versteckt werden, war es doch nicht ganz so einfach, die Whiskyvorräte zu verbergen, und zahlreiche Geschichten berichten davon, wie wertvolle Vorräte vor Zerstörung oder Beschlagnahme gerettet wurden. So brannte zum Beispiel Magnus Eunson 1798 in Highland Park (Orkney) Whisky. Als notorischer Schmuggler pflegte der örtliche Prediger die Whiskyfässer in seiner Kirche unterzustellen. Als er hörte, daß Steuereintreiber in der Gegend waren, ließ er die Fässer aus der Kirche holen, brachte sie in sein Haus und breitete ein weißes Tuch darüber. Während die Beamten die Kirche durchsuchten, hielten Eunson und sein Personal einen Trauergottesdienst ab. Einer von Eunsons Arbeitern flüsterte dem Steuereintreiber zu, man betrauere hier einen Mann, der an den Pocken verstorben sei. Das genügte, um die Beamten der Krone entsetzt fliehen zu lassen.

Im Jahr 1823 wurde die Whiskyproduktion legalisiert – vorausgesetzt, die Brennerei produzierte mehr als 40 US-Gallonen (141,4 l) pro Jahr und entrichtete eine Kon-

Eine illegale Brennerei (Royal Lochnagar)

Die Welt des Single Malt Whisky

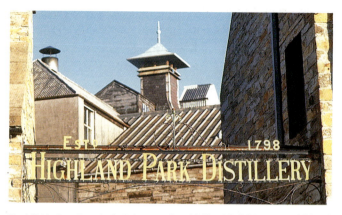

Eine Whisky-Pagode und schmiedeeiserne Tore (Highland-Park-Brennerei auf Orkney)

zessionsgebühr. Diese Legalisierung hatte zur Folge, daß die Brennereien zu dauerhaften Einrichtungen wurden, was auch zu einer qualitativen Verbesserung des Whiskys führte. Die erste Brennerei, die eine behördliche Genehmigung erwarb, war 1824 The Glenlivet, wenig später folgten Cardhu, The Glendronach, Old Fettercairn, The Macallan und andere. Die ersten registrierten kommerziellen Brennereien entstanden im späten 18. Jahrhundert, darunter Bowmore (1779), Highland Park (1795), Lagavulin (1784), Littlemill (1772) und Tobermory (1795). Ab 1840 wurde dann auf jede verkaufte Flasche eine Steuer erhoben, die im Vereinigten Königreich bis heute existiert.

Interessanterweise war Whisky damals nicht das bevorzugte Getränk der Oberschicht in den schottischen (und erst recht nicht den englischen) Städten; statt dessen servierte man Cognac und edle Weine aus Frankreich.

In den 70er Jahren des letzten Jahrhunderts begann jedoch ein plötzlicher Reblausbefall, die Weinberge in Frankreich zu dezimieren. Schon bald darauf sahen sich die meisten europäischen Weinbergbesitzer gezwungen, ihre Weinstöcke zu vernichten, und die Herstellung von Wein und vor allem von Cognac kam zum Erliegen. Als daher die Konsumenten gezwungen waren, auf andere Spirituosen auszuweichen, wandten sie ihre Aufmerksamkeit dem heimischen Produkt zu. Besonderer Popularität erfreute sich ein leichtes, wohlschmeckendes Getränk, das Adrian Usher aus Edinburgh durch das Verschneiden von Whiskys kreierte. In dieser Zeit entstanden viele neue Brennereien – etwa Benriach (1898), The Balvenie (1892) und Dufftown (1896). Der Whiskyhandel erlitt jedoch 1898 einen herben Rückschlag, als Pattison's, ein namhafter Hersteller von Verschnitten, in Konkurs ging. Die Pattison-Brüder wurden zu Gefängnisstrafen verurteilt, und der Zusammenbruch ihrer Firma hatte Auswirkungen auf die gesamte Branche. Zu geringes Kapital, zu hohe Ausgaben und die allgemeine Rezession führten zur Schließung vieler Brennereien. Erst 1963 kam ein spezielles Interesse an Single Malts auf, da sie gebraucht wurden, um den Bedarf an Whiskyverschnitten zu decken. Mehrere Unternehmen, insbesondere William Grant & Sons mit The Glenfiddich, begannen eine Marketingoffensive für Single Malts.

Die Kostendegression sowie die hohen Personal- und Marketing-Kosten hatten allerdings zur Folge, daß viele Brennereien nicht allein überleben konnten. So entstanden Zusammenschlüsse wie United Distillers, denen viele Brennereien ihr Überleben verdanken – sowie das Wiederaufleben des Interesses an Whisky in den letzten Jahren.

Die Balvenie-Brennerei (um 1880)

Ein kleines Whisky-Wörterbuch

Das Wort Whisky ist die Kurzform des ursprünglichen Begriffs *whiskybae*, der sich vom gälischen *uisge beatha* (»Wasser des Lebens«) herleitet. So entspricht es etwa den Bezeichnungen Aquavit oder dem Französischen *eau-de-vie*. Das altirische Stammwort, *uisce*, »Wasser«, ist übrigens auch die Frühform des deutschen Wortes *Wasser*.

Damit sich ein Destillat Whisky nennen darf, muß es aus Wasser und Getreide produziert, auf einen Alkoholgehalt von weniger als 94,8 % Volumalkohol destilliert werden und in Fässern von nicht mehr als 185 US-Gallonen (700,3 l) Fassungsvermögen mindestens drei Jahre ab dem Zeitpunkt der Destillation in einem Zollspeicher gereift sein. Als Scotch darf nur ein Whisky bezeichnet werden, der in einer schottischen Brennerei hergestellt wurde und auch in Schottland gereift ist.

Die Welt des Single Malt Whisky

Ein *Single Malt Whisky* wird ausschließlich aus Gerstenmalz hergestellt und stammt aus einer einzigen Brennerei, wobei für die Flaschenabfüllung verschiedene Jahrgänge dieser Brennerei verwendet werden können. Das Etikett auf der Flasche gibt dann das Alter des jüngsten in der Abfüllung enthaltenen Whiskys an.

Ein *Vatted Malt* wird durch die »Vermählung« verschiedener Malt Whiskys aus mehreren Brennereien hergestellt. Vatted Malts spiegeln oft die Charakteristika von Brennereien einer bestimmten Gegend wider und werden als »Pure Malt« oder »Scotch Malt Whisky« etikettiert.

Grain Whisky wird in einem kontinuierlichen Destillationsprozeß aus gemälzten und ungemälzten Getreidesorten hergestellt, die unter Dampfdruck gekocht werden. Das Destillat hat einen höheren Alkoholgehalt und reift schneller als ein Malt Whisky, da er weniger Grundbestandteile hat.

Single Grain Whiskys sind das Produkt einer einzigen Single-Grain-Brennerei. Mehrere Unternehmen einschließlich Whyte & Mackay (Invergordon) und United Distillers (Cameron Brig) verkaufen diese Whiskys. Das auf der Flasche angegebene Alter hängt davon ab, wie lange der jüngste in der Abfüllung enthaltene Whisky im Faß gereift ist.

Auf *Blended Whisky* entfallen 95 % des schottischen Whisky-Umsatzes. Ein Blended Whisky wird sowohl aus Single Malts als auch aus Grain Whisky hergestellt.

Blended Whiskys eignen sich besonders für den Einstieg in den Genuß von Whisky und können sowohl pur als auch auf Eis, mit Wasser, mit Limonade, mit Ginger Ale oder in einem Cocktail gekostet werden. Übergießt man Whisky mit heißem Wasser und Zitronensaft und süßt ihn mit Honig oder Zucker – die Zugabe von Gewürznelken ist freigestellt –, erhält man einen sogenannten »Hot Toddy« (eine Art Grog), der sich gut zur Abwehr von Erkältungen eignet.

Die Luxusverschnitte enthalten einen höheren Prozentsatz an Malt Whiskys und haben oft eine Altersangabe auf dem Etikett. Wie bei Single Malts bezieht sich diese Altersangabe auf den jüngsten Whisky im Verschnitt. Zu den Luxusverschnitten gehören Johnny Walker Black Label (12 Jahre), J & B Reserve (15 Jahre), Dimple (15 Jahre) und The Famous Grouse Gold Reserve (12 Jahre).

Alkoholgehalt

Alkohol wird heute in ganz Europa in Volumprozent bei 20 °C gemessen. In Amerika findet das Proof-System noch Anwendung; 100° Proof entsprechen beispielsweise 50 %, und 80° Proof entsprechen 40 % Alkoholgehalt. Das Proof-System funktionierte ursprünglich so, daß man ein angezündetes Streichholz an eine Mischung aus den Alkoholika und Schießpulver hielt. Wenn sie sich entzündete, war der Whisky stark genug und *proved* (»geprüft«); bei einem zu schwachen Alkoholgehalt entzündet sich das Schießpulvergemisch dagegen nicht. Im Jahr 1740 erfand ein gewisser Mr. Clark eine Spindel, mit der die Stärke des Whiskys ebenfalls gemessen werden konnte. Später entwickelte Bartholomew Sikes dieses Hydrometer weiter, das dann im Jahr 1818 eingeführt wurde. Das Sikes-Hydrometer wurde bis 1980 verwendet, als das Vereinigte Königreich die europäische Methode zur Messung des Alkoholgehalts in Volumprozent übernahm.

Whiskys in Faßstärke (»cask strength«) werden mit ca. 60 % Alkohol verkauft (etwa 120° Proof).

In Flaschen abgefüllte Whiskys haben normalerweise 40 % Alkohol für den inländischen Verkauf und 43 % für den Export.

Die Destillation von Malt Whisky

Malt Whisky ist die ›Vermählung‹ von Wasser, gemälzter Gerste und Hefe. Das scheinbar so einfache Rezept täuscht aber über die Komplexität eines Getränks mit so vielen verschiedenen Farben, Aromen und Geschmacksrichtungen hinweg.

Eine reine, klare Wasserquelle ist der Ausgangspunkt für die Herstellung eines guten Single Malt, wobei das Wasser auf seinem Weg durch die Hügel und Torfmoore Schottlands den Geschmack von Torf, Heidekraut und Granit aufnimmt.

Die Gebäude der Glenturret-Brennerei im typischen Pagoden-Stil

Die Welt des Single Malt Whisky

Kaltes, klares Wasser auf Islay für die Bowmore-Brennerei

 Weitere Grundbedingungen sind die Hitze von Torffeuern, höchstes handwerkliches Geschick der Brenner, die Zauberkraft der kupfernen Brennblasen, die Reifung in Eichenfässern und eine gute Belüftung. Erst dann ist der Whisky reif für den Markt.

 Wenn Sie einen Brennereibesitzer fragen, was seinen Malt von dem seiner Nachbarn unterscheidet, wird er zahlreiche Gründe anführen: das Wasser, die Gerstensorte, wie lange die Gerste im Wasser eingeweicht und wie lange sie getrocknet wird, ob im Trocknungsprozeß Torf verwendet wird, die Gärungsdauer, die Form und Größe der Brennblasen, die Geschwindigkeit, mit der das Rohdestillat aufgefangen wird, die Größe und die Art des verwendeten Fasses, die Bedingungen im Lagerhaus und noch viele andere mehr. Wenn er ehrlich ist, wird er aber zugeben, daß er die Antwort letztlich nicht genau kennt. In der folgenden Beschreibung des Herstellungsprozesses lernen Sie die Fachbegriffe kennen, die mit dem Brennen von Whisky verbunden sind, und gewinnen einen kleinen Einblick in einige dieser Unwägbarkeiten.

Das Mälzen der Gerste

Der Herstellungsprozeß beginnt mit der Gerste, deren Qualität von den Brennern sehr genau überwacht wird. Man weicht sie in Wasser ein, bis sie zu keimen beginnt, und verteilt sie in traditionellen Brennereien für etwa sieben Tage auf einem Malzboden oder einer Malztenne (*malting floor*) aus Beton. Während dieser Zeit wird die Gerste regelmäßig gewendet, um sicherzustellen, daß stets eine gleichbleibende Temperatur herrscht und um die Geschwindigkeit der Keimung zu kontrollieren. Dabei wird in einigen Brennereien nach wie vor die traditionelle Holzschaufel (*shiel*) benutzt. Heute mälzen allerdings nur noch eine Handvoll Brennereien einen Teil ihrer eigenen Gerste, unter anderen Bowmore und Laphroaig (auf Islay), Springbank (Campbeltown) und Highland Park (auf Orkney). Die meisten kaufen ihre gemälzte Gerste direkt von Mälzereien, in denen das Korn mechanisch in großen, rechteckigen Behältern oder in Trommeln gewendet wird. Doch noch immer bestimmt der Brenner die genaue Dauer für jede Phase des Mälzvorgangs.

Auf dem Malzboden wendet man die Gerste von Hand

Sobald der gewünschte Grad der Keimung erreicht ist, werden die natürlichen Fermente in der Gerste freigesetzt. Sie produzieren lösliche Stärke, die sich während des Maischvorgangs in Zucker umwandelt. Die Keimung wird gestoppt, indem man die Gerste entweder über einem Torffeuer oder über Warmluft trocknet. In der Bowmore-Brennerei beispielsweise finden die ersten 15 bis 18 Stunden der Trocknung über einem Torffeuer statt; der selbstgestochene Torf stammt aus den firmeneigenen Torfmooren.

Die Welt des Single Malt Whisky

Torfstechen auf Islay

Bei der Trocknung über Torffeuer absorbiert die Gerste im Torf enthaltene Phenole, die sich auf Aroma und Geschmack auswirken. Die unterschiedliche Zusammensetzung des Torfs läßt sich aus den Whiskys herausschmecken, etwa bei den Islay-Whiskys mit ihrem Aroma des im Torf enthaltenen vermoderten Heidekrauts, der Moose und Gräser.

Heute verwenden die Brennereien in ganz Schottland Gerste, die über Torffeuern getrocknet wurde. Allerdings stellen viele Lowland- und Speyside-Brennereien Single-Malt-Whiskys ohne den typischen torfigen Geschmack her, da, anders als etwa bei Islay-Whiskys, immer schon Kohle als Brennstoff zur Verfügung stand. Schließlich wird die Gerste für weitere 48 bis 55 Stunden mit Warmluft getrocknet.

Eine traditionelle, torfgefeuerte Malzdarre

DAS MAISCHEN

Zubereitung der Würze im Maischebottich

Nach einer Ruheperiode wird das getrocknete Malz zu feinem Malzschrot (*grist*) zermahlen, was als »Maischen« bezeichnet wird. Der Schrot wird in einen Maischebottich (*mash tun*) gefüllt und mit kochendem Wasser versetzt. Die Brennerei-Besitzer wachen eifersüchtig über ihre Versorgung mit Wasser, das ebenfalls zum besonderen Geschmack und Aroma jedes Malt Whiskys beiträgt. Die Maischebottiche variieren zwar in Form und Größe, in der Regel sind sie aber aus Kupfer und haben einen Deckel.

Das Wasser löst das Mehl, setzt den Zucker frei und läßt eine Flüssigkeit, die »Würze« (*wort*), entstehen. Sie läuft am Boden des Bottichs durch feine Schlitze ab, wird gekühlt und in Gärbottiche (*wash backs*) geleitet. Die festen Bestandteile, die Trester (*draff*), werden als Viehfutter verwendet.

Beimischung von Wasser im Maischebottich

DIE GÄRUNG

Der flüssigen Würze, die auf etwa 70 °C abgekühlt worden ist, wird in den großen hölzernen Gärbottichen Hefe zugegeben, die sofort zu gären beginnt, wobei sich Kohlendioxid und Schaum entwickeln. Schottische Malt-Brenner verwenden geschlossene Gärbottiche mit Deckeln, in die ein rotierender Propeller eingebaut ist, der den Schaum daran hindert, über die Ränder zu treten. Der Zucker wandelt sich in Alkohol um, und nach etwa 48 Stunden erhält man ein warmes, süßes, torfiges Bier mit einem Alkoholgehalt von ungefähr 7,5 %.

Gärbottiche (Highland-Park-Brennerei)

DIE DESTILLATION

Der Alkohol-Tresor

Die vergorene Würze wird nun in den Destillationsraum mit seinen Brennblasen geleitet, die traditionellerweise aus Kupfer bestehen. Alle Brennblasen sind handgearbeitet und variieren in Form und Größe, was neben der Fertigkeit des Brennmeisters die Qualität des Destillats beeinflußt. Nur ein kleiner Teil eines jeden Destillats wird zu Malt Whisky weiterverarbeitet. Normalerweise stellt man Malt Whisky in zwei Destillationsvorgängen her, aber in einigen irischen und Lowland-Brennereien wird der Alkohol dreifach destilliert.

Die erste und größte Brennblase ist die *wash still*, in der die Würze gekocht wird und in ihre Bestandteile zerfällt. Da Alkohol einen niedrigeren Siedepunkt hat als Wasser, steigt zunächst Alkoholdampf im Hals der Brennblase auf, wird in einen Kühler (eine Reihe von wassergekühlten Rohrspiralen) geleitet, wobei der Winkel des Rohrs (*lyne arm*), das die Brennblase mit dem Kühler verbindet, Qualität und Geschwindigkeit der Kondensation bestimmt. Vom Kühler wird die als *low wines* bezeichnete Flüssigkeit, das Zwischendestillat, über den Alkohol-Tresor in der zweiten Brennblase, der sogenannten *spirit still*, gesammelt. An dieser Stelle schaltet sich das britische Zoll- und Finanzamt ein. Ein Bevollmächtigter dieser Behörde nimmt Mes-

Detailansicht einer Brennblase

sungen des hergestellten Destillats vor, aus denen sich der spätere Steuersatz ergibt. Die *low wines* enthalten ungefähr 30 % Alkohol und müssen ein weiteres Mal gebrannt werden, da sie unangenehm schmecken. Dieser zweite Brennvorgang, der das reine Destillat erzeugt, ist ein äußerst sorgfältig aufgebautes Verfahren.

Der Brennmeister beginnt, das Destillat zu prüfen, sobald die aufsteigenden Dämpfe kondensiert sind und den Alkohol-Tresor passieren. Er leitet die erste Flüssigkeit, den als *foreshots* bezeichneten Vorlauf, in Glaskugeln, die über einen Ablauf in ein Sammelbecken im hinteren Teil des Brennraums verfügen. Der Vorlauf trübt sich beim Kontakt mit Wasser, da er noch unrein ist. Der Brennmeister prüft das Destillat im Alkohol-Tresor, indem er in regelmäßigen Abständen Wasser hinzufügt und das spezifische Gewicht kontrolliert.

Sobald das Destillat klar zu werden beginnt, dreht der Brennmeister die Hähne an der Außenseite des Alkohol-Tresors auf und leitet es in den *spirits receiver* genannten Sammelbehälter. Um sicherzustellen, daß die Klarheit und Reinheit des Destillats erhalten bleiben, wird für gewöhnlich zu diesem Zeitpunkt das Destillationstempo herabgesetzt. Der Brennmeister überprüft dabei weiterhin ständig das spezifische Gewicht und die Klarheit des Destillats, das nach mehreren Stunden langsam dünner wird. Dieses dünnere Destillat, den *feints* genannten Nachlauf, läßt man als unbrauchbar ablaufen, und der Brennmeister leitet es in den Sammelbehälter für das Zwischendestillat und den Nachlauf ab.

In einigen Brennereien, insbesondere bei Bushmills in Nordirland und bei Auchentoshan im schottischen Lowland-Gebiet, läuft das Destillat durch eine dritte Brennblase, um einen leichteren Whisky herzustellen (dreifache Destillation).

Der wäßrige Rückstand, der nach dem Auffangen der *feints* in der Brennblase verbleibt, wird *spent lees* genannt und meist nach einer Vorbehandlung ins Abwasser geleitet. Die Royal-Lochnagar-Brennerei sprengt die *spent lees* allerdings als Naturdünger über die Anbaugebiete der Umgebung.

Den Vor- und den Nachlauf gibt man dagegen dem *wash* der nächsten Destillation zu.

Spirit stills *und* wash stills *in der Bowmore-Brennerei*

DIE REIFUNG

In einer Böttcherei

Das Destillat ist farblos, roh und scharf. Es hat zwar schon einige charakteristische Merkmale des Whiskys, aber noch nichts von seiner späteren Eleganz. Nun muß es drei Jahre in Fässern reifen, bevor es als Whisky bezeichnet werden darf. Während dieser Reifezeit wird das Destillat weicher und beginnt, seine Farbe zu verändern, da es aus den Eichenfässern, in denen es lagert, die Rückstände von Bourbon, Sherry oder Portwein aufnimmt. Diese Faßtypen sind es auch, die dem Geschmack des Whiskys den letzten Schliff verleihen.

Die Brennerei-Manager führen beim Abfüllen des Destillats strenge Kontrollen durch, um sicherzugehen, daß es sorgfältig abgemessen wird. Alle Lagerhäuser sind unter Zollverschluß, und über jedes Faß muß Rechenschaft abgelegt werden, damit zum Zeitpunkt der Flaschenabfüllung der richtige Steuerbetrag abgeführt wird.

Wenn die Fässer erst gefüllt sind, werden sie für mindestens drei Jahre in den Zollspeichern gelagert. Soll der Whisky zu einem Single Malt oder einem Luxusverschnitt reifen, dauert die Lagerzeit noch erheblich länger, mindestens 10 bis 15 Jahre.

Die Welt des Single Malt Whisky

Da die Whisky-Fässer ›atmen‹, gelangt die Luft aus der Umgebung des Fasses auch in den Whisky und trägt so zu seinen Charakteristika bei – ein in Meeresluft gelagerter Whisky wird anders schmecken als ein in einer flachen Heidelandschaft gereifter. Gleichzeitig dringt ein Teil des Alkohols durch die Fässer nach außen, was als »Anteil der Engel« (*angels' share*) bezeichnet wird. Temperatur und Luftfeuchtigkeit der Lagerhäuser beeinflussen die Reifung ebenfalls. Je länger ein Whisky reift, desto mehr Wandlungen treten ein, und deshalb unterscheiden sich die Malts unterschiedlicher Jahrgänge selbst aus derselben Brennerei erheblich.

Von Zeit zu Zeit werden die Fässer angezapft, um zu kontrollieren, ob alles in Ordnung ist. Ein konstanter, nachhallender Ton bedeutet, daß das Faß unversehrt ist und der Whisky gut reift. Ein leckendes oder gesprungenes Faß klingt dumpf, und der Brenner weiß in diesem Fall, daß das Faß untersucht und möglicherweise ersetzt werden muß. Er entnimmt ihm eine kleine Menge in einem sogenannten *nosing glass*, untersucht den Duft des Whiskys und schwenkt ihn – eine ›Perlenkette‹ auf der Oberfläche der Flüssigkeit zeigt an, daß der Whisky zufriedenstellend reift –, ehe er ihn wieder ins Faß gießt.

Langsame Reifung im Dunkeln: Whisky für die Zukunft

Früher erhielten die Arbeiter der Brennereien alte Fässer, in denen jahrelang Whisky gereift war. Diese Fässer wurden mit heißem Wasser und Dampf gefüllt und die Straße hinabgerollt, wodurch man noch einige Liter Alkohol gewann. Zum Leidwesen der heutigen Mitarbeiter ist diese Praxis nicht mehr legal.

Die Malt-Whisky-Regionen Schottlands

Schottische Malt Whiskys werden ebenso wie französische Weine nach ihren Herkunftsgebieten klassifiziert. Tatsächlich haben Malt Whiskys aus derselben Region einige Merkmale gemeinsam. Dennoch würde eine zu strenge Festlegung aufgrund der Herkunft eine falsche Einförmigkeit suggerieren: So weisen zum Beispiel zwar die meisten, aber eben nicht alle Islay Malts einen stark torfigen Geschmack auf – für Bunnahabhain etwa gilt das nicht.

Hügellandschaft und reines Wasser: Bilder, die für gewöhnlich mit Whisky in Verbindung gebracht werden

Die Welt des Single Malt Whisky

Weite Teile der anmutigen Landschaft der Lowlands besitzen eine üppige Vegetation.

DIE LOWLANDS

Die meisten Menschen assoziieren wohl kaum die hügelige Landschaft der Lowlands mit schottischem Whisky, den man meist mit Bergen und wilden Bächen in Verbindung bringt. In den Lowlands gibt es nur wenige Torfmoore, aber exzellentes Wasser. Lowland-Malts haben einen süßeren, weicheren Geschmack als die Malts anderer Regionen, was vor allem auf die Qualität der Gerste zurückzuführen ist. Die meisten Lowland-Whiskys werden unter Verwendung von nur wenig Torf hergestellt – die bemerkenswerte Ausnahme ist der etwas trockene, rauchige Glenkinchie.

Im späten 19. Jahrhundert gab es in dieser Gegend wesentlich mehr Malt-Whisky-Brennereien als heute. Hier, unterhalb einer gedachten Verbindungslinie zwischen den Flüssen Clyde und Tay, wurde Whisky in industriellen Brennblasen hergestellt, der sich nicht mit der Köstlichkeit und Komplexität der Highland-Malts messen konnte. Das ist lange vorbei, und die wenigen verbliebenen Brennereien stellen hochwertige Malts her, die typischerweise leichter sind und keinen Torf- oder Seegeschmack aufweisen.

Die zwei bedeutendsten Städte Schottlands, Edinburgh und Glasgow, und die große Schiffahrtstraße des Clyde liegen in den Lowlands. Über den Clyde hatten die Brennereien leichten Zugang zu den überseeischen Märkten, und mit Whisky beladene Schiffe waren ein alltäglicher Anblick.

Südlich des Industriegebietes, das sich entlang des Clyde erstreckt, wird die Landschaft zunehmend ländlicher, mit Getreidefeldern und Schafen, die auf den niedrigen Hängen weiden. Dies ist die Heimat des berühmten schottischen Kaschmirs, und Besucher dieser Gegend sollten sich die Zeit nehmen, eine der vielen Strickwaren-Fabriken zu besuchen.

Die Lowlands haben viel mit Nordirland, der Heimat von Bushmills, gemeinsam, und die geographische Nähe führte zu einem ständigen Wissensaustausch. So wurde die berühmte Auchentoshan-Brennerei vermutlich mit Unterstützung irischer Mönche gegründet. Ein gemeinsames Merkmal zwischen irischem Whiskey und dem Malt aus dieser Brennerei ist die Dreifach-Destillation. Bei dem zusätzlichen Brennvorgang werden noch mehr Bestandteile aus dem Destillat entfernt, wodurch man ein außergewöhnlich reines Endprodukt erhält.

Schließlich sind die Lowland Malts wesentlich weniger den kräftigen Seewinden ausgesetzt als etwa die Island Malts, so daß sie auch einen geringeren Salzgehalt aufweisen. Vermutlich tragen die leichten, warmen Brisen über der hügeligen Landschaft zur besonderen Weichheit dieser Malts bei.

DIE HIGHLANDS

Die nördlichen Highlands sind ein bergiger Teil Schottlands mit wilden Bächen, die über Granitfelsen fließen, Hügeln voller Heidekraut und grünen Bergschluchten. Die Highland-Malts geben etwas von dieser landschaftlichen Vielfalt wieder und weisen sehr interessante Geschmacksrichtungen und Aromen auf.

Dieses ausgedehnte Gebiet erstreckt sich auf dem Festland von Pulteney im Nordosten bis nach Oban im Westen und Tullibardine im Süden. Kein Whisky gleicht hier dem anderen, auch wenn sie in direkter Nachbarschaft gebrannt werden,

Rannoch Moor (westliche Highlands)

Ben Nevis, Schottlands vielleicht berühmtestes Wahrzeichen

und ihre Charakteristika gehen in vieler Hinsicht auf die Beschaffenheit des Geländes und die örtliche Wasserversorgung zurück. Wie in anderen Gegenden brachte es die Isolation der Highlands mit sich, daß nur wenige Besucher auf den schmalen, beschwerlichen Pfaden zu den Bauernhäusern gelangten und daher illegales Brennen hier sehr leicht war. Die meisten der heute noch Whisky produzierenden Brennereien wurden zu Beginn des 19. Jahrhunderts errichtet, als die Destillation bereits legalisiert war. Lediglich Balblair beansprucht für sich, schon 1790 gebaut worden zu sein.

Auch die auf den Inseln Mull, Jura und Orkney hergestellten Whiskys werden zu den Highland-Malts gerechnet. Allerdings gibt es heute auf der Insel Mull nur noch eine Brennerei, die für ihren Whisky Wasser verwendet, das durch Torfmoore geflossen ist und ihm eine rauchige Geschmacksnote verleiht.

Das Wasser auf Jura dagegen fließt über Felsen, und der hier destillierte Whisky hat ein frisches, blumiges Aroma, das die Atmosphäre dieser schönen, wilden, einsamen Insel widerspiegelt.

DIE ORKNEY-INSELN

An der nördlichsten Spitze Schottlands liegen die Orkney-Inseln mit dem atlantischen Ozean im Westen und der Nordsee im Osten. Die Inselgruppe liegt näher an Oslo als an London, so daß es nicht überrascht, hier viele norwegische Einflüsse vorzufinden.

Auf Skara Brae und Maes Howe können Sie Menhire und Grabkammern aus der Bronzezeit besichtigen, während Ihnen die jüngere Geschichte in den Gewässern von Scapa Flow begegnet, wo noch immer Wracks der deutschen Seeflotte aus dem Ersten Weltkrieg aus dem Wasser ragen. Jenseits der Churchill-Barrieren aus dem Zweiten Weltkrieg liegt die italienische Kapelle von Lamb Holm mit ihren schönen Wandgemälden, die von italienischen Kriegsgefangenen angefertigt wurden.

Mainland, die größte Insel der Gruppe, vermittelt einen sehr intensiven Eindruck von Meer und Himmel, da sie überwiegend flach und baumlos ist; es ist kaum auszumachen, wo der Himmel aufhört und wo das Meer beginnt. Auf Hoy dagegen ist das Land zerklüfteter und erhebt sich bis auf mehr als 400 Meter über dem Meeresspiegel.

Ausgedehnte, dem Wind ausgesetzte Weiten sind auf den Orkneys kein ungewöhnlicher Anblick.

In den Küstenklippen nisten Brachvögel, Dreizehenmöwen, Seetaucher, Papageientaucher und manchmal Riesenraubmöwen – ein Paradies für Ornithologen. Die fruchtbaren Wiesen sind übersät mit wilden Blumen, und wenn das Heidekraut zu blühen beginnt, scheinen das Moor und die niedrigen Hügel purpurn zu leuchten.

Die isolierte Lage dieser Inseln brachte es mit sich, daß die Whisky-Herstellung lange Zeit unentdeckt betrieben werden konnte. Erst im Jahr 1905 zerstörten die Steuereintreiber auf den äußeren Inseln mehrere Brennereien, so daß heute nur noch zwei übrig sind: Scapa, die zur Zeit »schläft« (bzw. »eingemottet«, *mothballed* ist), und Highland Park. Beide liegen auf Mainland, dessen natürliche Reichtümer – reicher Wasservorrat, fruchtbarer Boden für den Gerstenanbau und umfangreiche Torfbestände – gewährleisten, daß die Whisky-Destillation fortbestehen kann.

Orkney-Whiskys duften nach Seeluft, die in die hölzernen Fässer eindringt, während sie zur Reifung nahe der Küste lagern. Der Inseltorf besteht überwiegend aus Heidekraut, und das verleiht dem Whisky einen honigartigen Geschmack.

Eine eindrucksvolle, zerklüftete Landschaft (Speyside)

Heidekraut wird seit langem mit der Malt-Whisky-Tradition in Verbindung gebracht.

SPEYSIDE

Die Whisky-Gegend Speyside liegt in den schottischen Highlands. Der River Spey fließt zwischen den Ladder- und Cromdale-Hügeln hindurch und wird von zahlreichen Bächen gespeist, vor allem vom River Avon und vom River Livet. Zur Zeit gibt es nur zwei Brennereien, die im Livet-Tal liegen, The Glenlivet und Tamnavulin. Die Talsohle des River Livet ist recht breit, wird jedoch abrupt schmaler, wo das Tal zu den Hügeln hin ansteigt und enge Pfade an die alten Schmugglerwege zu den größeren Städten der Lowlands erinnern. Diese bergige Gegend war im 17. und frühen 18. Jahrhundert praktisch unzugänglich, so daß illegales Brennen hier ein bevorzugter Zeitvertreib war.

Da Speyside mit seinen reichen Vorräten an Frischwasser und dem leichten Zugriff auf Gerste und Torf von den Moorhügeln alles Notwendige für die Whiskyherstellung bot, stellten die meisten Bauern den Whisky für ihren Eigenbedarf selbst her. Wurde das noch toleriert, gab es jedoch Schwierigkeiten, als sie begannen, Whisky zu verkaufen, sich aber weigerten, Steuern dafür zu zahlen. Zur Entspan-

Die Welt des Single Malt Whisky

nung trug die Initiative eines Landbesitzers, des Duke of Gordon, bei, der sich für die Legalisierung der Whisky-Destillation einsetzte. Einer seiner Pächter, George Smith, beantragte 1824 die erste Konzession für seinen Glenlivet, eine Bezeichnung die sich bald auch einige andere Brennereien zu eigen machten, um den Verbraucher wissen zu lassen, daß der Whisky aus diesem besonderen Teil von Speyside kam. Um ihr eigenes Produkt zu schützen, gingen die Smiths 1880 gerichtlich gegen die anderen Brennereien vor und gewannen, so daß diese ihren Whisky heute nur noch in

Große Seen mit ruhigem, klarem Wasser: ein unerschöpfliches Reservoir für die Brennmeister

Verbindung mit ihrem eigenen Namen Glenlivet nennen dürfen – zum Beispiel Tomintoul Glenlivet.

Viele Brennereien der Gegend verwenden Wasser aus unterirdischen Quellen für ihre Produktion. Dessen Reinheit trägt zweifellos zur Qualität des Whiskys bei. Da das Wasser in diesem Teil Schottlands wesentlich länger über Granithügel fließt, erhält der Whisky seine charakteristische Frische und seinen außergewöhnlichen Geschmack. Auch die Tatsache, daß das Meer weit entfernt ist und damit kein Salz in den Malt gelangt, trägt dazu bei, daß der Geschmack reiner, vielleicht auch einfacher ist als der eines vielschichtigen Islay Single Malts. In Speyside gibt es nicht viel Torf, so daß der traditionelle Brennstoff für die Trocknungsfeuer der Malzdarren meist Kohle war. Daher sind Geschmack und Aroma des fertigen Destillats weniger rauchig. Statt dessen nehmen die reifenden Whiskys vor allem die Charakteristika des Heidekrauts auf.

Die Brennereien in Speyside stellen sehr unterschiedliche Malts her, die aber fast alle eine typische Ausgewogenheit und Süße aufweisen, und die lange Tradition der Whisky-Herstellung in dieser Gegend führte dazu, daß die Brennereien exzellente Malts destillieren.

Die Region Speyside weist weltweit die höchste Dichte von Malt-Whisky-Brennereien pro Quadratkilometer auf – insgesamt sind es etwa 40 – und wird nicht von ungefähr den Highlands zugerechnet. Allerdings liegen trotz der großen Zahl von Brennereien, deren Name sie in Verbindung mit der Gegend bringt, nur sehr wenige an den Ufern des River Spey.

CAMPBELTOWN

Vor gut einem Jahrhundert erreichten die meisten Besucher Campbeltown mit dem Boot und sahen, als sich ihnen der Blick auf die Stadt und ihre Umgebung öffnete, annähernd 30 Brennerei-Schornsteine, die sich gegen den Horizont abhoben. War Campbeltown auf der Halbinsel Mull of Kintyre im ausgehenden 19. Jahrhundert noch das Zentrum der Whisky-Herstellung, so ist es seither fast in Bedeutungslosigkeit versunken. Heute gibt es hier nur noch zwei Brennereien, Springbank und Glen Scotia, deren Malts die Seeluft aber immer noch eine besondere Geschmacksnote verleiht.

Die Welt des Single Malt Whisky

ISLAY

Die Insel Islay liegt an der Westküste Schottlands, jenseits der Halbinsel Mull of Kintyre und ist die fruchtbarste Hebrideninsel. An der südwestlichen Küste ragt ein Meeresarm, der Loch Indaal, tief in das Innere der Insel hinein.

Islay ist erfüllt von Geschichte. Menhire aus der Bronzezeit, alte keltische Kreuze in Kildalton, die auf das Jahr 800 zurückgehen, eine alte Kapelle aus dem Mittelalter in Kilnave und zahlreiche Erzählungen über illegale Whisky-Herstellung – all dies zeugt von einer faszinierenden Vergangenheit. Die Schiffsreise von Kennacraig auf dem Festland aus dauert etwa zwei Stunden. Vor dem Zeitalter des Luftverkehrs waren die Bewohner der Insel oft vom Rest der Welt abgeschnitten. Daher überrascht es nicht, daß die Whisky-Herstellung auf Islay bereits im 16. Jahrhundert begann, vermutlich durch irische Brenner.

Islay ist eine schöne, vom Wind umtoste Insel mit zerklüfteten Hügeln, dicht bewaldeten Tälern, offenem Moorland und einer von der Agrarwirtschaft geprägten Landschaft. Mit dem reichlich vorhandenen Torf, den fast unbegrenzten Wasservorräten und der vor Ort angebauten Gerste bietet Islay alles, was die sieben Brennereien auf der Insel brauchen, um ihre sehr unterschiedlichen Malts zu destillieren – von den leichten wie Bunnahabhain und Caol Ila bis zu den kräftigeren, aromatischen wie Laphroaig und Ardbeg.

Alle Brennereien auf Islay wurden nahe am Meer erbaut, damit man den Whisky leicht zum Festland transportieren konnte. Kaltes, reines Wasser sprudelt aus dem Boden und über Felsen, ergießt sich in einsame Teiche und fließt über Berghänge bis ins Meer. Im Unterschied zu dem Torf, der auf dem schottischen Festland gestochen wird, setzt sich der auf Islay vor allem aus zersetztem Heidekraut, Moosen und Gräsern zusammen. Die gemälzte Gerste, die über einem Torffeuer getrocknet wurde, hat daher einen ganz eigenen Geschmack und ein sehr spezifisches Aroma. Die Malts von Islay sind gerade für ihren torfigen Geschmack bekannt, und mehrere Brennereien stellen auch Whiskys mit einem stechend torfigen Duft her. Tatsächlich bedecken Torfmoore einen Großteil der Insel, so daß selbst die Hauptstraße von Port Ellen zur Hauptstadt Bowmore an diversen Stellen buchstäblich auf dem Torf treibt.

◀ *Die vertraute Ansicht schroffer Felsen und wilder Bäche*

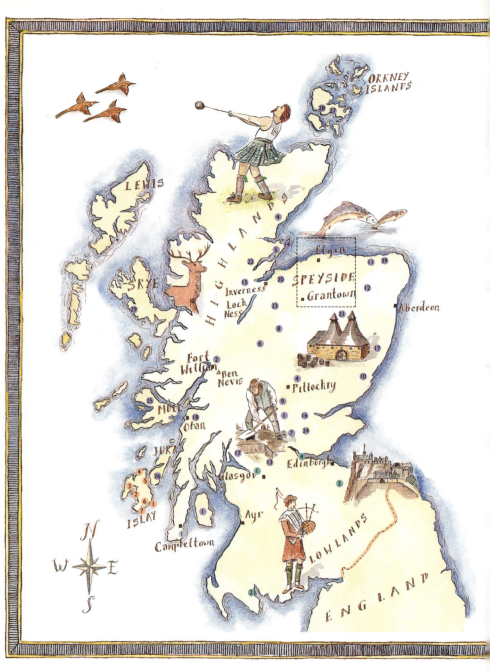

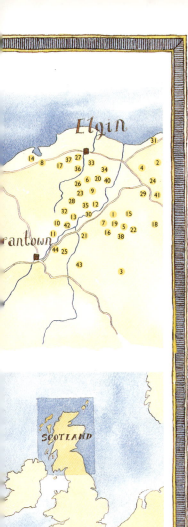

Die Regionen des Single Malt Whiskys

Die Karte auf der linken Seite zeigt die regionale Verteilung der im Verzeichnis erwähnten Brennereien. In Speyside gibt es jedoch so viele, daß diese Gegend vergrößert abgebildet wurde, um sie überschaubarer zu machen. Die für jede Gegend verwendeten Farben finden Sie auch im Verzeichnis wieder, so daß Sie leichter den Bezug herstellen können. Die Brennereien wurden in alphabetischer Reihenfolge aufgelistet, so wie sie auch im Verzeichnis erscheinen.

LOWLANDS
1. Auchentoshan
2. Bladnoch
3. Glenkinchie
4. Rosebank

HIGHLANDS
1. Aberfeldy
2. Ben Nevis
3. Blair Athol
4. Clynelish
5. The Dalmore
6. Dalwhinnie
7. Deanston
8. Drumguish
9. Edradour
10. Glencadam
11. Glen Deveron
12. Glen Garioch
13. Glengoyne
14. Glenmorangie
15. Glen Ord
16. Glenturret
17. Inchmurrin
18. Oban
19. Old Fettercairn
20. Royal Brackla
21. Royal Lochnagar
22. Teaninch
23. Tomatin
24. Tullibardine

MULL
25. Tobermory

JURA
26. Isle of Jura

ORKNEY
27. Highland Park
28. Scapa

SKYE
29. Talisker

SPEYSIDE
1. Aberlour
2. An Cnoc
3. Ardmore
4. Aultmore
5. The Balvenie
6. Benriach
7. Benrinnes
8. Benromach
9. Caperdonich
10. Cardhu
11. Cragganmore
12. Craigellachie
13. Dailuaine
14. Dallas Dhu
15. Dufftown
16. Glenallachie
17. Glenburgie
18. The Glendronach
19. Glendullan
20. Glen Elgin
21. Glenfarclas
22. Glenfiddich
23. Glen Grant
24. Glen Keith
25. The Glenlivet
26. Glenlossie
27. Glen Moray
28. Glenrothes
29. Glentauchers
30. Imperial
31. Inchgower
32. Knockando
33. Linkwood
34. Longmorn
35. The Macallan
36. Mannochmore
37. Miltonduff
38. Mortlach
39. The Singleton
40. Speyburn
41. Strathisla
42. Tamdhu
43. Tomintoul
44. The Tormore

ISLAY
1. Ardbeg
2. Bowmore
3. Bruichladdich
4. Bunnahabhain
5. Caol Ila
6. Lagavulin
7. Laphroaig

CAMPBELTOWN
1. Springbank

ARRAN
1. Arran

Malt Whiskys aus aller Welt

Obwohl Whisky meist mit Schottland in Verbindung gebracht wird, stellt man ihn auch in anderen Ländern her. Die Voraussetzungen dafür sind eine gute Versorgung mit frischem, klarem Wasser, Gerste, Torf und ein gemäßigt kühles Klima, in dem der Whisky langsam in hölzernen Fässern reifen kann. So kommen Single Malt Whiskys auch aus Irland, Japan und neuerdings auch aus Tasmanien.

NORDIRLAND

Die geographische Nähe zwischen Schottland, insbesondere den Hebriden-Inseln, und Nordirland legt die Vermutung nahe, daß die Whisky-Brennerei im frühen 16. Jahrhundert von Nordirland nach Schottland gelangte. Jüngere Forschungen auf der Insel Rhum südlich der Insel Skye weisen jedoch darauf hin, daß die Destillation vielmehr vor etwa 4000 Jahren in Schottland ihren Anfang nahm. Wie dem auch sei, die Einflüsse Nordirlands auf schottischen Whisky und die Schottlands auf nordirischen Whiskey stehen außer Frage.

Es gibt viele Verbindungen zwischen Nordirland und Schottland: Gälisch, die gemeinsame Sprache, und die sehr ähnliche Landschaft mit großen Seen, wilden Bächen, Torfmooren, dem hügeligen Ackerland und den Bergen. Der Giant's Causeway (»Damm des Giganten«), eine Felsstrandbildung aus Basaltsäulen vor der nordirischen Küste, soll der Legende nach einst ein Verbindungsweg nach Schottland gewesen sein. Tatsächlich handelt es sich dabei allerdings nur um das Ergebnis der Erosion durch das Meer. Bushmills ist die älteste registrierte Brennerei und liegt bei Coleraine in der Grafschaft Antrim, fast auf einer Höhe mit der Südspitze der Halbinsel Mull of Kintyre – und damit weiter südlich als die meisten schottischen Brennereien.

EIRE (REPUBLIK IRLAND)

Die Kunst der Whiskey-Brennerei war in Irland bereits im 14. Jahrhundert bekannt. Heute wird für die Produktion überwiegend eine Mischung verschiedener Getreidearten – ungemälzte Gerste, Hafer, Weizen und Roggen – verwendet, doch einige Brennereien stellen auch Single Malts her, so etwa Middleton und Cooley. Die Republik Irland liegt weiter südlich als Schottland, und das mildere Klima bringt Whiskeys mit einem leicht würzigeren Geschmack und einem rauheren Abgang hervor.

JAPAN

Der japanische Whisky stammt letztlich aus Schottland: Die ersten japanischen Brenner wurden in Schottland ausgebildet und brachten ihr Wissen in traditionelle japanische Sake-Brennereien ein. Die Landschaft der nördlichen Insel Hokkaido ähnelt mit ihren Torfmooren, Bergen und kühlen, frischen Bächen, die über Granitfelsen fließen, sehr den schottischen Highlands. Der japanische Torf erzeugt allerdings ein weniger intensives Aroma als schottischer. Das größte Unternehmen, Suntory, hat Brennereien in Yamazaki, in der Nähe von Kyoto, in Hakushu und in Noheji auf der Hauptinsel Honshu und stellt seine Whiskys vor allem für den inländischen Verbrauch her. Das zweitgrößte Unternehmen ist Nikka mit den Single Malts Nikka und Yoichi, das dritte Sanraku Ocean mit nur einem Malt.

TASMANIEN

Der tasmanische Farmer Andrew Morrison stellt einen Single Malt Whisky in der Cradle-Mountain-Brennerei her. Tasmanien hat ein ideales Klima für die Whisky-Produktion.

Single Malt Whisky genießen

Einen edlen Single Malt Whisky zu trinken ist ein geradezu mystischer Akt und gilt oft als männliches Privileg: Bilder von alten Männern, die sich in ihrem Club mit einem Glas edlem Malt hinter ihren Zeitungen verstecken sind in zahlreichen Cartoons verewigt. So ranken sich auch diverse Vorstellungen und Debatten um den Whisky, etwa darüber, wann man ihn trinken sollte.

Grundsätzlich kann ein Whisky zu jeder Zeit getrunken werden – auch wenn man vielleicht nicht mit den Leuten von den Hebriden wetteifern sollte, über die John Stanhope, ein schottischer Geschäftsmann, 1806 vermerkte: »Sie nehmen noch immer vor dem Frühstück ihr *streah* bzw. ihr Glas Whisky zu sich, das, obwohl für einen Engländer eine keinesfalls schmackhafte Diät, doch wenigstens zuträglich zu sein scheint – nach dem gesunden Aussehen und der rötlichen Hautfarbe der Einheimischen zu urteilen. In solch einem feuchten Klima ist es in der Tat beinahe notwendig, in gewissem Maße alkoholische Getränke zu trinken. Weitere *streahs* werden tagsüber niemals abgelehnt.«

Auch W. C. Fields sprach dem Whisky eine gesundheitsfördernde Wirkung zu: »Ich gurgle jeden Tag mehrmals mit Whisky und habe seit Jahren keine Erkältung gehabt.«

Im Verzeichnis finden sich Empfehlungen, nach denen manche Malts am besten vor dem Essen, andere eher danach zu reichen sind. Das sind persönliche Einschätzungen der Autorin. Am besten experimentieren Sie, um Ihre eigenen Vorlieben herauszufinden.

WIE MAN EINE WHISKY-SAMMLUNG ZUSAMMENSTELLT

Das große Angebot an Single Malt Whiskys bietet dem Whisky-Trinker die Möglichkeit zu einer wahren Entdeckungsreise. Für den Sammler ist die Auswahl praktisch unbegrenzt. Zusätzlich zu den Whiskys der einzelnen Brennereien gibt es auch Single Malts von Spezialabfüllern in allen Altersstufen und Stärkegraden. So ist es relativ einfach, eine Whisky-Sammlung anzulegen: Viele Wein- und Spirituosenhändler haben eine Auswahl auf Lager, die die wichtigen schottischen Whisky-Regionen abdeckt. Auch irischen Malt Whiskey werden Sie dort meist erhalten. Zwar hat jeder einen anderen Geschmack, doch die folgenden zehn Malts geben einen guten Einstieg in die verschiedenen Regionen:

BOWMORE (17 Jahre), *Islay*

LAPHROAIG (10 Jahre), *Islay*

HIGHLAND PARK (12 Jahre), *Orkney*

TALISKER (10 Jahre), *Skye*

GLENKINCHIE (10 Jahre), *Lowlands*

THE BALVENIE DOUBLE WOOD, (12 Jahre), *Speyside*

BENRIACH (10 Jahre), *Speyside*

THE SINGLETON OF AUCHROISK (10 Jahre), *Speyside*

EDRADOUR (10 Jahre), *südliche Highlands*

GLENMORANGIE (12 Jahre, Schlußreifung im Sherry-Faß), *Highlands*

Diese Sammlung stellt eine Auswahl von Aperitiv- und Digestiv-Malts zur Verfügung. (Siehe das Verzeichnis für weitere Informationen zu jedem einzelnen).

DIE LAGERUNG VON WHISKY

Sobald der Whisky aus dem Faß luftdicht in Flaschen abgefüllt wird, endet sein Alterungsprozeß. Wie bei den meisten Spirituosen bleiben seine Farbe, sein Aroma und sein Geschmack in der Flasche erhalten, auch nachdem diese geöffnet wurde. Es mag vielleicht ein wenig Verlust durch Verdunstung geben, insbesondere wenn der Korken nicht fest genug sitzt. Nur falls die Flasche für sehr lange Zeit offen bleibt, kann es zu einigen geringfügigen Änderungen von Aroma und Geschmack kommen.

Lagern Sie daher einmal geöffnete Flaschen möglichst fest verkorkt, aufrecht, bei Zimmertemperatur und lichtgeschützt.

Single Malt Whisky verkosten

Single Malt Whisky ist ein Getränk, das es zu genießen gilt. Die folgenden Hinweise sollen Ihnen dabei helfen.

Betrachten Sie zunächst die Farbe. Jeder Malt hat seine eigene, besondere Farbe, vom blassesten Gold bis zum dunkelsten Braun, die während der Reifung in den verschiedenen Faßtypen entsteht, je nachdem, ob der Reifungsprozeß in einfachen Eichen- oder in alten Bourbon-, Sherry-, Portwein- oder Madeirafässern stattfand.

Schenken Sie etwas Whisky in ein Glas ein und bedecken Sie es kurz mit Ihrer Hand. Heben Sie Ihre Hand dann ein wenig, um den Duft des Whiskys freizugeben. Brennmeister verwenden ein *nosing glass*, um den Duft festzustellen. Dieses Glas, das in der Form einem Sherry-Glas ähnelt, schließt die Düfte ein und erleichtert so eine Identifizierung der verschiedenen Aromen. Nehmen Sie Ihre Hand dann von der Öffnung und schwenken Sie den Whisky. Dadurch werden weitere Aromen freigegeben.

Nippen Sie langsam am Malt. Während Sie ihn über Ihre Zunge gleiten lassen, entfalten sich Geschmacksnoten im Mundraum. In verschiedenen Bereichen Ihres Mundes werden Sie unterschiedliche Geschmackswahrnehmungen haben. Achten Sie darauf, wie der Geschmack sich wandelt, während Sie den Whisky schlucken; das nennt man den »Abgang«. Der Nachgeschmack diverser Single Malts wird im Vergleich zu anderen eine ausgeprägtere Geschmackspalette haben. Wenn Sie die volle Wirkung der Aromen und Geschmacksnuancen Ihres Malt Whiskys herausgefunden haben, können Sie noch etwas Wasser ins Glas geben. Das hilft ebenfalls dabei, die Geschmacksnuancen freizusetzen. Im Idealfall kommt das Wasser aus derselben Quelle wie das der Brennerei. Da das im Normalfall jedoch nicht realisierbar ist, ist in Flaschen abgefülltes und vorzugsweise stilles Wasser zu empfehlen.

Die Welt des Single Malt Whisky

Beurteilen Sie die Farbe des Whiskys.

Das Schwenken des Glases setzt die Aromen frei.

Das Bedecken des Glases hält die Aromen fest.

Nehmen Sie den Duft des Whiskys wahr.

Kosten Sie den Whisky.

Glaswaren

Für den Whisky-Genuß ist eine große Auswahl Glaswaren erhältlich. Zu den beliebtesten gehören:

Kristallglas Whisky wird traditionellerweise aus einem kleinen, zylinderförmigen Kristallglas (*tumbler*) getrunken. Eine mit Whisky gefüllte Kristallkaraffe inmitten mehrerer *tumbler* kann sehr schön wirken, wenn sich die Whiskyfarbe im gebrochenen Licht von golden zu rubinrot und bernsteinfarben wandelt. Edinburgh Crystal etwa stellt solches Kristallglas seit über 125 Jahren her.

Einfaches (glattes) Glas Wer die Farbe des Whiskys deutlich sehen möchte, bevorzugt in der Regel einfaches Glas. Professionelle Verkoster verwenden das charakteristisch geformte *nosing glass*, das mit einem gläsernen Deckel versehen ist, um die Aromen des Malts festzuhalten.

Quaich Vor Jahrhunderten war das beliebteste Trinkgefäß in ganz Schottland der *quaich* (vom Gälischen *cuach*, »flache Schale«). Die Größe der *quaichs* waren früher in den Highlands landesübliche Maßeinheiten für Whisky, und meist wurde einem Besucher ein *quaich* Whisky als Willkommens- oder Abschiedsschale gereicht. Seine schlichte Holzausführung wurde später durch Horn und dann durch Silber ersetzt, aber an seiner Gestalt mit den zwei Griffen bzw. *lugs* (»Ohren«) hat sich nichts geändert.

Kristallglas aus Edinburgh.

Ein Quaich und ein Flachmann für Whisky-Trinker.

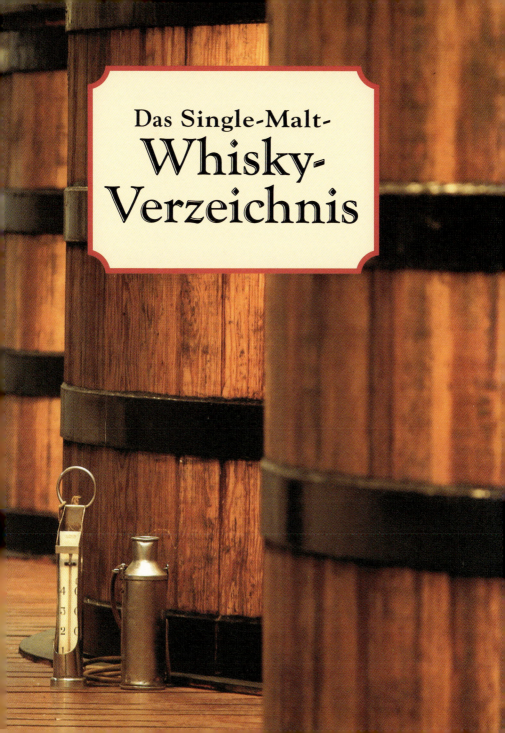

Das Single-Malt-Whisky-Verzeichnis

Anleitung für das Verzeichnis

Ein altes schottisches Klagelied beginnt sinngemäß mit den Worten: »Eine Whiskyflasche ist schrecklich unpraktisch: für einen zuviel und für zwei zu wenig.« Ich möchte den Lesern dieses Buches allerdings empfehlen, die beschriebenen Whiskys mit etwas mehr Zurückhaltung zu kosten.

Insbesondere Neulinge im Genuß von Single Malt sollten ein paar Tropfen Wasser in den Whisky geben; dies verringert die Geschmacksintensität und gestattet dem Gaumen, die verschiedenen Nuancen zu genießen. Für Ihren Organismus könnte es ein regelrechter Schock sein, wenn Sie einen Malt Whisky in Faßstärke gleich beim ersten Mal pur trinken – dies könnte Ihnen die Lust am Scotch fürs Leben vergällen. Beginnen Sie am besten mit den weicheren Lowland-Malts, gehen Sie dann allmählich zu Speyside über, und probieren Sie schließlich die Malts von Orkney, Mull, Jura und Islay. Auf diese Weise werden Sie lernen, die verschiedenen Merkmale eines jeden Malts wahrzunehmen und die Heidekraut-, Torf-, Heidemoor- oder Seenoten zu schätzen.

Der erste Teil dieses Verzeichnisses listet die Brennereien auf, deren Single Malts weltweit erhältlich sind. Einige davon sind zwar zur Zeit stillgelegt, aber im schottischen Whisky-Gewerbe spricht man in diesen Fällen nur von ›eingemotteten‹ Brennereien: Alles wird im ursprünglichen Zustand erhalten, bis der Tag kommt, an dem die Produktion wieder aufgenommen wird.

Whiskys aus Schottland, Nordirland und Japan sind hier berücksichtigt, die jedoch leider nicht alle zum Verkosten zur Verfügung standen. Japan beispielsweise produziert überwiegend für den Eigenbedarf und exportiert seinen Malt Whisky nur in sehr geringem Umfang. Aus Irland kommen zwei Single Malts, Tyrconnell und Connemara, und in Tasmanien ist inzwischen der Castle Mountain Single Malt Whisky erhältlich.

Das Single Malt Whisky-Verzeichnis

Die Whiskys werden in alphabetischer Reihenfolge vorgestellt, wobei der farbige Balken unter dem Namen ihr Herkunftsland angibt bzw. im Falle Schottlands die Region, in der sich die Brennereien befinden. Eine Einleitung liefert auf jeder Seite die wichtigsten Informationen über die Brennerei, ihren Sitz und einige historische Details. Die Adresse der Brennerei, Telefonnummern und – sofern vorhanden – Faxnummern sind ebenfalls angegeben.

Brennereiangaben

Zu jedem Eintrag sind die wichtigsten Fakten in einer Übersicht aufgelistet. Sie erscheinen immer in derselben Reihenfolge und werden mit den folgenden Symbolen angegeben (nicht verfügbare Informationen sind durch »k. A.« markiert):

Gründung   Besitzer   Brennerei-Manager   Wasserversorgung   Stills   Fässer   Besuchsmöglichkeiten

Viele Angaben sind abgekürzt. So bezeichnet etwa die Faßangabe »Sherry, wiederverwendet« ein wiederverwendetes Sherry-Faß. Auch *stills* (Brennblasen) sind in Kurzform angegeben: *wash* = *wash still*, *spirit* = *spirit still*.

Alter, Abfüllungen, Preise

Dieser Kasten informiert über die erhältlichen Altersstufen des Whiskys. Damit sind die Jahre gemeint, in denen er vor der Flaschenabfüllung in Fässern reifte. Zehn Jahre sind die Regel.

Preise werden erwähnt, wenn sie von Bedeutung sind. Die IWSC-Auszeichnungen werden alljährlich von der *International Wines & Spirits Competition* vergeben.

Verkostungsnotizen

Jede Marke wird von Verkostungsnotizen begleitet. Angaben über Duft und Geschmack geben den persönlichen Eindruck der Autorin wieder.

Aberfeldy

HIGHLANDS

Aberfeldy Distillery, Aberfeldy, Perthshire PH15 2EB
Tel.: 0044–1887 820330, Fax: 0044–1887 820432

Die Aberfeldy-Brennerei wurde 1898 von John Dewar auf dem Grundbesitz des Marquis von Breadalbane gegründet und liegt direkt hinter der Stadtgrenze von Aberfeldy am Südufer des River Tay. Aberfeldys Hauptwasserquelle ist Pitilie Burn, ein Bach, der seit langem das Wasser für die Whiskydestillation liefert und bis 1867 eine andere Brennerei versorgte. Wie viele andere schloß die Brennerei 1917, als die Regierung Gerstevorräte für Nahrungsmittel reservierte. Aberfeldy öffnete 1919 wieder, mußte aber während des Zweiten Weltkriegs bis 1945 erneut schließen. 1972–1973 wurde die Brennerei umgebaut und mit vier neuen, dampfgeheizten Brennblasen ausgestattet.

Das Etikett der Aberfeldy-Single-Malt-Flasche bildet ein rotes Eichhörnchen ab; es verweist auf ein Siedlungsgebiet dieser Tiere in der Nähe. Dieser Malt hat eine schöne, sonnengoldene Farbe, die leicht ins Rot spielt.

Brennerei-Angaben

- 1898
- United Distillers
- G. Donoghue
- Pitilie Burn
- 2 Wash 2 Spirit
- k. A.
- Ostern bis Oktober: Mo.–Fr. 10.00–16.00

Das Single-Malt-Whisky-Verzeichnis

Alter und Auszeichnungen
Aberfeldy,
15 Jahre, 43 %, Brennereiabfüllung

Verkostungsnotizen:

ALTER: 15 Jahre, 43 %

DUFT: Warm; Sherry, Muskatnuß

GESCHMACK: Mittelschwerer Körper mit einer Nuance von Rauch

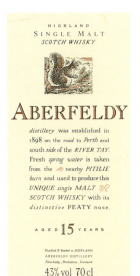

Aberlour

SPEYSIDE

ABERLOUR DISTILLERY, ABERLOUR, BANFFSHIRE AB38 9PJ
TEL: 0044-1340 871204 FAX: 0044-1340 871729

Im Gälischen bedeutet Aberlour »Mund des plätschernden Baches«, was sich wahrscheinlich auf den Brunnen bezieht, der auf dem Gelände der Brennerei entdeckt wurde und aus einer Zeit stammt, in der das Tal im Besitz einer druidischen Gemeinschaft war. Es mag die Reinheit dieser Quelle gewesen sein, die James Fleming dazu veranlaßte, 1879 die Brennerei zu gründen. Sie wechselte bis 1945 mehrere Male den Besitzer und wird jetzt von Campbell Distillers, der britischen Tochtergesellschaft von Pernod-Ricard, geleitet. Die Brennerei liegt am Fuß von Ben Rinnes in der Nähe des Wasserfalls Linn of Ruthie, der gute neun Meter tief in den Lour Burn hinabstürzt. Aberlour ist ein schöner, bernsteinfarbener Single Malt.

Brennerei-Angaben

- 1879
- Campbell Distillers Ltd.
- Alan J. Winchester
- Quellen am Ben Rinnes
- 2 Wash 2 Spirit
- k. A.
- keine Besichtigungen

Verkostungsnotizen:

ALTER: 10 Jahre, 40 %

DUFT: Starkes Malz- und Karamelaroma

GESCHMACK: Körper mittelschwer, ein Hauch Torf und Honig

An Cnoc

SPEYSIDE

KNOCKDHU DISTILLERY, KNOCK, BY HUNTLY, ABERDEENSHIRE AB5 5LJ
TEL: 0044–1466 771223 FAX: 0044–1466 771359

Die Knockdhu-Brennerei wurde 1893 für Haig's gebaut, als man Quellen mit reinem, kristallklarem Wasser entdeckte, das die südlichen Hänge des Knockdhu – auch bekannt als der »Schwarze Hügel« – hinunterfließt. Dieses Wasser bildete zusammen mit den örtlichen Gerste- und Torfbeständen das Rohmaterial für die Produktion von Malt Whisky. Die Herstellung begann 1894, und nicht weniger als 3000 US-Gallonen (11 355,9 l) wurden damals jede Woche in den zwei dampfbetrie-

Brennerei-Angaben

- 1893
- Inver House Distillers Ltd.
- S. Harrower
- Quellen am Fuß des Knockdhu
- 1 Wash 1 Spirit
- eichene Hogsheads
- keine Besuche

Knockdhu
SINGLE HIGHLAND MALT SCOTCH WHISKY
Established 1894

Das Single-Malt-Whisky-Verzeichnis

benen *pot stills* gebrannt. Die Brennerei produzierte größtenteils Whisky-Verschnitte und nur sehr wenige hochwertige Single Malts, bis sie 1988 von Inver House Distillers Ltd. gekauft und unter dem Namen An Cnoc neu gegründet wurde.
An Cnoc ist ein blaßgoldener Malt Whisky und wird im Alter von zwölf Jahren in Flaschen abgefüllt.

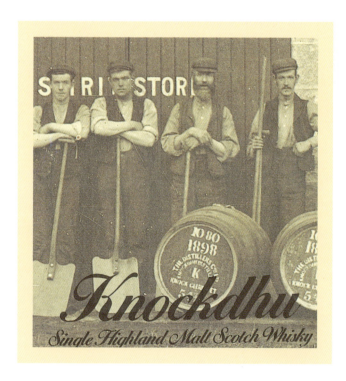

Alter und Auszeichnungen
An Cnoc, 12 Jahre, 40 %

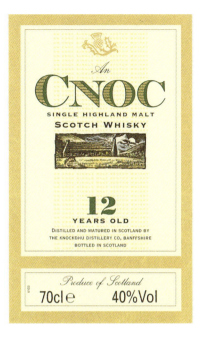

Verkostungsnotizen

ALTER: 12 Jahre, 40 %.

DUFT: Weich, aromatisch, ein Hauch Vanille-Eiskrem und Rauch

GESCHMACK: Eine ganze Palette von Fruchtnoten von herb-zitrusfruchtig bis warm-tropisch; langer, sanfter Abgang

Ein Malt für jeden Anlaß

Ardbeg

ISLAY

ARDBEG DISTILLERY, PORT ELLEN, ISLE OF ISLAY PA42 7EB
TEL: 0044–1496 302224

Wenn vom Meer aus die Insel Skye im Blickfeld auftaucht, erscheinen an der Küste lange, niedrige Destillerie-Gebäude. Sie sind als Kildalton-Brennereien bekannt, von denen Ardbeg am weitesten östlich liegt.

In Ardbeg wurde schon seit 1798 gebrannt, aber erst 1815 begann die Familie MacDougall damit, kommerziell zu destillieren. 1886 produzierte Ardbeg jährlich 1 130 000 Liter reinen Alkohol. 1990 kauften Allied Distillers Ltd. die Brennerei und veräußerten sie 1997 an Glenmorangie Plc.

Inzwischen wird Ardbeg wieder voll betrieben und wir warten schon darauf, den neuen zehnjährigen Malt zu verkosten.

Brennerei-Angaben

- 1798
- Glenmorangie Plc.
- Stuart Thomson
- Loch Arinambeast und Loch Uigedale
- 1 Wash 1 Spirit
- wiederverwendete
- Keine Besuche

Verkostungsnotizen:

ALTER: 1974, 40 %

DUFT: Volles, torfiges Aroma, leicht medizinartig

GESCHMACK: Rauchig, vollmundig; vorzüglich abgerundeter Abgang. Es lohnt sich, ihn zu suchen.

Ardmore

SPEYSIDE

ARDMORE DISTILLERY, KENNETHMONT, HUNTLY,
ABERDEENSHIRE AB54 4NH
TEL: 0044–1464 831213 FAX: 0044–1464 831428

Die Ardmore-Brennerei wurde von William Teacher & Sons 1898 in Kennethmont in der Nähe des River Bogie errichtet. 1955 wurde die Anzahl der Brennblasen von zwei auf vier, 1974 auf acht erhöht. Viele der ursprünglichen Charakteristika der Brennerei wie die kohlenbefeuerten Brennblasen und eine Dampfmaschine sind auf dem Gelände erhalten.

Heute gehört Ardmore den Allied Distillers Ltd., die den größten Teil der Brennereiproduktion für Whisky-Verschnitte verwenden, insbesondere für Teacher's Highland Cream. Gelegentlich sind spezielle Flaschenabfüllungen dieses blaßgoldenen Malt mit seinem süßen, vollen Geschmack erhältlich.

Brennerei-Angaben

- 1898
- Allied Distillers Ltd.
- Iain Henderson
- Loch Arinambeast und Loch Uigedale
- 4 Wash 4 Spirit
- k. A.
- keine Besuche

Verkostungsnotizen:

ALTER: 1981, 40 %
DUFT: Süß und verheißungsvoll
GESCHMACK: Kräftig, malzig, süß am Gaumen, mit einem trockenen Abgang. Ein guter Digestif

Arran

ARRAN

ARRAN DISTILLERY, LOCHRANZA, ARRAN, ARGYLL, KA27 8HJ
TEL: 0044–1770 830624 FAX: 0044–1770 830364

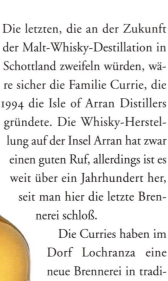

Die letzten, die an der Zukunft der Malt-Whisky-Destillation in Schottland zweifeln würden, wäre sicher die Familie Currie, die 1994 die Isle of Arran Distillers gründete. Die Whisky-Herstellung auf der Insel Arran hat zwar einen guten Ruf, allerdings ist es weit über ein Jahrhundert her, seit man hier die letzte Brennerei schloß.

Die Curries haben im Dorf Lochranza eine neue Brennerei in traditioneller Bauart errichtet. Sie liegt in einem Tal in der Nähe einer Burg aus dem 14. Jahrhundert, wo der Fluß Eason Biorach reines Wassers liefert.

Um Interesse an Arran zu wecken, startete das Unternehmen eine Kampagne, bei der man das Anrecht auf eine Kiste mit zwölf Flaschen Isle of Arran Founder's Reserve Single Malt Whisky im Jahr 2001 kaufen konnte. Wer sich dieses Anrecht erworben hat,

Brennerei-Angaben

- 1994
- Isle of Arran Distillers Ltd.
- Gordon Mitchell
- Eason Biorach
- 1 Wash 1 Spirit
- Ehemalige Sherry-Hogsheads und Butts
- Geöffnet das ganze Jahr: 10.00–18.00 Uhr Führungen, audiovisuelle Präsentation, Ausstellung, Laden und Restaurant

ist zugleich Mitglied der Isle of Arran Malt Whisky Society, was ihm gestattet, spezielle Verschnitte und Malts dieses Unternehmens zu kaufen.

Der erste Alkohol floß im Juni 1995 aus den Brennblasen und reift nun in Sherry-Hogsheads auf dem Gelände. Das Destillat kann vor Juni 1998 nicht als Whisky bezeichnet werden. Das Unternehmen plant sogar, Flaschenabfüllungen erst im Jahr 2001 vorzunehmen, damit sich eine gewisse Reife entfalten kann. Den Anzeichen nach wird der Malt ein torfiges Aroma mit süßen Anklängen haben. Während die Isle of Arran Distillers darauf warten, daß ihr erster Whisky reift, vertreiben sie verschiedene Marken, insbesondere den abgebildeten Vatted Malt. Eileandour ist das gälische Wort für »Inselwasser«. Dieser Whisky ist ein Verschnitt von Malts aus den Highlands und dieser schönen schottischen Insel.

Verkostungsnotizen:

ALTER: Erstproduktion 1995, 63,5 %

DUFT: Weicher, süßer als viele junge Spirituosen

GESCHMACK: Etwas rauh, komplexe Malz- und Gewürznoten

ALTER: Einjähriges Destillat (1996), 61,5 %

DUFT: Weniger rauh, mit etwas Sherry und Torf

GESCHMACK: Noch unreif, aber Entwicklung von Malz-, Pfeffer-, Honig- und Torfnuancen mit einem süßen Nachgeschmack

ALTER: Eileandour, 10 Jahre

DUFT: Sherry mit Torfnoten

GESCHMACK: Voll, erst kräftig, dann Spuren von Vanille und Honig. Langer, milder Nachgeschmack

Auchentoshan

LOWLANDS

AUCHENTOSHAN DISTILLERY, DALMUIR, DUNBARTONSHIRE G81 4SG
TEL: 0044–1389 878561 FAX: 0044–1389 877368

Besucher des nördlichen Stadtrands von Glasgow können einen Blick auf die Auchentoshan-Brennerei werfen, die zwischen den Kilpatrick Hills und dem River Clyde liegt. Auchentoshan wurde 1800 erbaut und hatte bis 1984 mehrere Besitzer. In jenem Jahr wurde sie von der Morrison-Bowmore Distillery, der Besitzerin von Glen Garioch und Bowmore, erworben.

Auchentoshan gibt einen unverfälschten Einblick in die Herstellung eines Lowland Malt. Hier wird der Whisky dreifach gebrannt, und die Vergärung findet in Gärbottichen aus Lärchenholz oder aus rostfreiem Stahl statt. Im späten 19. Jahrhundert gab es viele Malt-Whisky-Brennereien in der Gegend, heute sind es nur noch sechs, von denen vier ›eingemottet‹ wurden. Nur Auchentoshan und Glenkinchie sind derzeit in Betrieb.

Auchentoshan hat ein frisches, leicht zitronenartiges Aroma und eine warme Farbe, die an Weizenfelder in der Sonne erinnert.

Brennerei-Angaben

- 1800
- Morrison-Bowmore Distillery Ltd.
- Stuart Hodkinson
- Loch Cochno
- 1 Wash 1 Intermediate 1 Spirit
- Ehemalige Bourbon- und Sherryfässer
- Keine Besuche

Alter und Auszeichnungen

Morrison-Bowmore vertreiben Auchentoshan z. Zt. in zwei Versionen, ohne Altersangabe und 10-jährig.

1992 IWSC Goldmedaille (21 Jahre)
1994 IWSC Goldmedaille (21 Jahre)

Verkostungsnotizen:

ALTER: Ohne Altersangabe, 40 %
DUFT: Warm, leicht zitrus-fruchtig
GESCHMACK: Sanfte Fruchtaromen mit deutlichem Nachgeschmack. Ein Malt, den man jederzeit genießen kann

ALTER: 10 Jahre, 40 %
DUFT: Frisches Zitrusfrucht- und Rosinenaroma
GESCHMACK: Weiche Süße mit Spuren von Eiche und Zitrone. Langer, runder Nachgeschmack

Aultmore

SPEYSIDE

Aultmore Distillery, Keith, Banffshire AB55 3QY
Tel: 0044–1542 882762 Fax: 0044–1542 886467

Die Aultmore-Brennerei wurde 1895 von Alexander Edward, dem Besitzer der Benrinnes-Brennerei, gegründet und liegt am Auchinderran Burn. Aultmore ist das gälische Wort für »Großer Bach«. Edward kaufte außerdem 1898 noch eine Brennerei in Oban und gründete die Oban & Aultmore-Glenlivet Distilleries Ltd. Weitere Schlüsselfiguren des Unternehmens waren die Herren Greig & Gillespie (Whisky-»Blender« in Glasgow) sowie ein Mr. Brickmann, ein Whisky-Broker, der für Pattisons Ltd. (Whisky-»Blender« in Leith, Edinburgh) arbeitete. 1923 wurde Aultmore von John Dewar & Sons Ltd. gekauft. Sie war eine der ersten Brennereien, die ihre Abfälle so behandelte, daß sie als Viehfutter verwendet werden können.

Brennerei-Angaben

- 1895
- United Distillers
- Jim Riddell
- Auchinderran Burn
- 2 Wash 2 Spirit
- k. A.
- keine Besuche

Alter und Auszeichnungen
Aultmore, 12 Jahre, 43 %

Verkostungsnotizen:

ALTER: 12 Jahre, 43 %

DUFT: Fein, sommerlich, eine Spur Honig und Rauch

GESCHMACK: Gut abgerundeter Malt mit warmem, sanftem, leicht buttrigem Geschmack

The Balvenie

SPEYSIDE

WILLIAM GRANT & SONS LTD, THE BALVENIE DISTILLERY,
DUFFTOWN, KEITH, BANFFSHIRE AB55 4DH
TEL: 0044–1340 820373 FAX: 0044–1340 820805

Die Balvenie-Brennerei besitzt ein Gelände in der Nähe des alten Balvenie Castle und wurde 1892 von William Grant neben der Glenfiddich-Brennerei errichtet. Beide Brennereien gehören zum selben Familienunternehmen. Balvenie ist mit ihren unveränderten Brennblasen eine der traditionellsten Brennereien in Schottland und verwendet Gerste aus der Nähe, die sie auf eigenen Malzböden mälzt.

Die Balvenie-Brennerei stellt drei charakteristische Malts her: The Balvenie Founders Reserve (10 Jahre) und The Balvenie Double Wood (12 Jahre), der in traditionellen Sherryfässern aus Eichenholz reift, sowie The Balvenie Single Barrel (15 Jahre), der eine limitierte Abfüllung von etwa 300 Flaschen aus einem einzelnen Faß ist.

Die Balvenie Single Malts variieren farblich von blassem Strohgelb über Honiggold bis hin zu sattem Bernstein mit einem Kupferton.

Brennerei-Angaben

- 1892
- William Grant & Sons Ltd.
- Bill White
- The Robbie Dubh springs
- 4 Wash 4 Spirit
- Eiche (spanischer Sherry und amerikanischer Bourbon)
- Keine Besucher

Alter und Auszeichnungen

10 Jahre (Founders Reserve), 40 %
12 Jahre (Double Wood), 40 %
15 Jahre (Single Barrel), 50,4 %

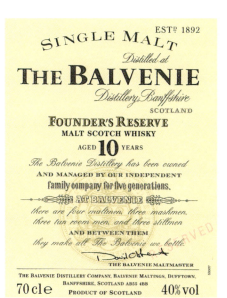

Verkostungsnotizen

ALTER: 10 Jahre (Founders Reserve), 40 %
DUFT: Rauchig, mit Zitrusfrucht und etwas Honig
GESCHMACK: Trocken, erfrischend, abgerundet mit einem anhaltenden Hauch Süße aus den Sherry-Fässern

ALTER: 12 Jahre (Double Wood), 40 %
DUFT: Prächtig und vielschichtig
GESCHMACK: Voller Körper, sanft am Gaumen; sehr voller, süßer Abgang; ein guter Digestif

ALTER: 15 Jahre (Single Barrel), 50,4 %
DUFT: Stechend, trocken mit ein wenig Süße
GESCHMACK: Vollmundig, voller Karamel-Nachgeschmack

Das Single-Malt-Whisky-Verzeichnis

Ben Nevis

HIGHLANDS

BEN NEVIS, LOCH BRIDGE, FORT WILLIAM PM33 6TJ
TEL: 0044–1397 702476 FAX: 0044–1397 702768

Ben Nevis ist die einzige Brennerei, deren Wasser von Großbritanniens höchstem Berg stammt. Sie wurde 1825 von einem gewissen John Macdonald, bekannt als »Long John«, errichtet. Ein Artikel in der Zeitschrift »Illustrated London News« von 1848 hält Queen Victorias Besuch in der Brennerei fest. Seit 1894 unterstützt die West-Highland-Eisenbahn die Brennerei, indem sie preiswert Kohle transportiert.

Eine Zeitlang produzierte Ben Nevis auch Grain Whiskys, aber inzwischen wurde die *coffey-still* wieder entfernt. Nach mehreren Besitzerwechseln und einer Periode, in der die Produktion ruhte, wurde Ben Nevis 1989 von der japanischen Nikka Whisky Distilling Company Ltd. gekauft, die die Zukunft der Whisky-Herstellung in Fort William sicherstellt.

Brennerei-Angaben

- 1825
- The Nikka Whisky Distilling Co. Ltd.
- Colin Ross
- Alt a Mhulin on Ben Nevis
- 2 Wash 2 Spirit
- Mischung aus frischen und alten Sherry und Bourbon, Hogsheads
- Jan.–Okt.: 9.00–17.00

Das Single-Malt-Whisky-Verzeichnis

Alter und Auszeichnungen
Jedes Jahr wird nur eine kleine Menge abgefüllt, in der Regel in Faßstärke. Altersstufen: 19, 21 und 26 Jahre

Verkostungsnotizen

ALTER: 1970, 26 Jahre; Faß Nr. 4533, 52,5 %

DUFT: Frisch, mit süßem, vollem Malzaroma

GESCHMACK: Ein Malt mit vollem Körper, sehr aromatisch (Sherry, Karamel und Torf) und mit langem, süßem Abgang; ein außergewöhnlicher Digestif

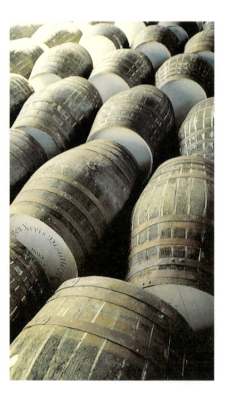

Benriach

SPEYSIDE

BENRIACH DISTILLERY, LONGMORN, NEAR ELGIN, MORAYSHIRE
TEL: 0044–1542 783400 FAX: 0044–1542 783404

Benriach wurde 1898 von John Duff gegründet, der auch die wenige hundert Meter entfernte Longmorn-Brennerei eröffnete. Beide Brennereien waren einst durch eine Eisenbahnlinie miteinander verbunden, und die firmeneigene Dampflokomotive, bekannt als »The Puggy«, transportierte Kohle, Gerste, Torf und Fässer zwischen ihnen hin und her. Die Benriach-Brennerei stellte nur für einige Jahre Whisky her, bevor sie 1900 schloß – obwohl Longmorn weiterhin von ihrer Mälzerei mit Gerste versorgt wurde.

Brennerei-Angaben

- 1898
- Seagram Distillers Plc.
- Bob MacPherson
- Qellen vor Ort
- 2 Wash 2 Spirit
- k. A.
- Nach Vereinbarung

1 8 9 8

BENRIACH DISTILLERY
EST. 1898
A SINGLE
PURE HIGHLAND MALT
Scotch Whisky

Benriach Distillery, in the heart of the Highlands, still malts its own barley. The resulting whisky has a unique and attractive delicacy

PRODUCED AND BOTTLED BY THE

BENRIACH
DISTILLERY C°
ELGIN, MORAYSHIRE, SCOTLAND, IV30 3SJ
Distilled and Bottled in Scotland

AGED 10 YEARS

70 cl e 43% vol

Die Longmorn Distilleries Co. Ltd. eröffneten die Benriach-Brennerei 1965 neu, und 1978 wurde sie von Seagram Distillers Plc. übernommen. Seitdem macht Benriach einen wichtigen Anteil an den Marken des Unternehmens aus (100 Pipers, Queen Anne und Something Special). 1994 wurde Benriach zum ersten Mal als zehnjähriger Single Malt auf den Markt gebracht und wird jetzt von Seagrams im Rahmen ihrer »Heritage Selection« vertrieben. Die Brennerei mälzt Gerste immer noch auf die traditionelle Art und Weise.

Benriach Single Malt ist ein blasser, honigfarbener Whisky.

Alter und Auszeichnungen
Benriach, 10 Jahre, 43 %

Verkostungsnotizen
ALTER: 10 Jahre, 43 %
DUFT: Elegantes, feines Aroma, ein Hauch Sommerblumen
GESCHMACK: Leicht und weich, breite Palette süßer Fruchttöne. Im Nachgeschmack trocken, eindeutig mit einer Spur Torf. Gut für Cocktails vor und nach dem Essen

Benrinnes

SPEYSIDE

BENRINNES DISTILLERY, ABERLOUR, BANFFSHIRE AB38 9NN
TEL: 0044-1340 871215 FAX: 0044-1340 871840

Die jetzige Benrinnes-Brennerei wurde 1835 gegründet und hieß ursprünglich Lyne of Ruthrie. Der damalige Besitzer John Innes meldete jedoch Konkurs an und verkaufte die Brennerei an William Smith, der ihren Namen in Benrinnes änderte. 1922 wurde Benrinnes von John Dewar & Sons Ltd. aufgekauft.

Die Benrinnes-Brennerei liegt knapp 250 Meter über dem Meeresspiegel und gewinnt ihr Wasser aus einer dem granitenen Berghang entspringenden Quelle. Der Whisky-Kenner Alfred Barnard schrieb 1887 über diese Quellen: »Sie entspringen am Berggipfel, und an einem klaren Tag kann man aus einigen Meilen Entfernung sehen, wie das Wasser auf seinem Weg nach unten über die hervorstehenden Felsen plätschert, über moosige Böschungen und Kies fließt, der es vortrefflich filtert.«

Brennerei-Angaben

- 1835
- United Distillers
- Alan Barclay
- Scurran und Rowantree Burns
- 2 Wash 2 Spirit
- k. A.
- keine Besichtigungen

Alter und Auszeichnungen

Benrinnes, 15 Jahre

Benrinnes, 21 Jahre, 60,4 %

Limitierte Abfüllung von United Distillers (Rare Malts Selection)

1994 ROSPA Health & Safety Gold Award

Verkostungsnotizen

ALTER: Benrinnes, 21 Jahre (1974), 60,4 %

DUFT: Ein vollmundiges buttriges Aroma

GESCHMACK: Voller Körper, eine Spur Vanille und Frucht, leicht öliger, warmer Abgang; ein schöner Single Malt

---

RARE MALTS SELECTION

Each individual vintage has been specially selected from Scotland's finest single malt stocks of rare or now silent distilleries. The limited bottlings of these scarce and unique whiskies are at natural cask strength for the enjoyment of the true connoisseur.

NATURAL CASK STRENGTH

SINGLE MALT SCOTCH WHISKY

AGED **21** YEARS

DISTILLED 1974

BENRINNES

DISTILLERY

ESTABLISHED 1826

ABERLOUR, BANFFSHIRE

60.4%vol 70cl e

PRODUCED AND BOTTLED IN SCOTLAND

LIMITED EDITION

BOTTLE N° 8503

Benromach

SPEYSIDE

BENROMACH DISTILLERY, FORRES, MORAYSHIRE IV35 0EB
TEL: 0044-1343 545111 FAX: 0044-1343 540155

Die Benromach-Brennerei wurde 1898 von Duncan McCallum und F. W. Brickman erbaut. Die Brennerei hatte einen bewegten Werdegang, da sie fast sofort wieder geschlossen und 1907, noch immer unter der Leitung von Duncan McCallum, als »Forres« neu eröffnet wurde. Nach dem Ersten Weltkrieg führte man sie wieder als Benromach ein. Von 1931 bis 1936 lag sie still und wurde dann 1938 von den Associated Scottish Distillers gekauft, die sie 1966 umbauten und 1983 erneut schlossen.

Im Jahr 1992 kauften Gordon & MacPhail Benromach; vor 1998 wird die Brennerei jedoch nicht wieder voll betriebsbereit sein.

Brennerei-Angaben

- 1898
- Gordon & MacPhail
- Nicht in Betrieb
- Chapelton Springs
- 1 Wash 1 Spirit
- k. A.
- keine Besichtigungen

Verkostungsnotizen

ALTER: 12 Jahre, 40 %
DUFT: Leicht, süß und frisch
GESCHMACK: Abgerundet, leichte Karamelnote, würzig. Langer, etwas kräftiger Abgang

Bladnoch

LOWLANDS

BLADNOCH, WIGTOWNSHIRE DG8 9AB
TEL: 0044–1988 402235

Diese Lowland-Brennerei wurde 1817 von Thomas McClelland in Schottlands südlichster Spitze gegründet und blieb bis zu ihrer Schließung 1938 in Familienbesitz.

Nach mehreren Besitzerwechseln ließ man Bladnoch 1956 wieder aufleben, und sie gehört nun zum Single-Malt-Whisky-Geschäftsbereich von United Distillers. Bladnoch wurde 1993 »eingemottet«.

Heute ist Bladnoch nur bei Gordon & MacPhail erhältlich. Er hat eine blasse, warme Bernsteinfarbe und ist ein hochwertiger Lowland Malt.

Brennerei-Angaben

- 1817
- United Distillers
- Nicht in Betrieb
- Loch Ma Berry
- 1 Wash 1 Spirit
- k. A.
- keine Besuche

Verkostungsnotizen

ALTER: 1984, 40 %

DUFT: Ein süßes, feines Aroma

GESCHMACK: Zunächst süß und leicht auf der Zunge, dann entfaltet der Malt vollmundige Zitrus-, Zimt- und Blumennoten.

Blair Athol

HIGHLANDS

BLAIR ATHOL DISTILLERY, PITLOCHRY, PERTHSHIRE PH16 5LY
TEL: 0044–1796 472161 FAX: 0044–1796 473292

Die Blair-Athol-Brennerei wurde 1798 von John Stewart und Robert Robertson gegründet. Im Jahr 1825 ließ John Robertson sie wieder aufleben; sie wechselte mehrfach den Besitzer, bis Elizabeth Conacher sie 1860 erbte. 1882 kaufte der Liverpooler Weinhändler Peter Mackenzie, der aus Glenlivet stammte, Blair Athol. Die Brennerei schloß 1932 und wurde von Arthur Bell & Sons Ltd. erworben, öffnete aber erst wieder im Jahr 1949. Die Zahl der Brennblasen in Blair Athol wurde 1973 von zwei auf vier erhöht.

Das Etikett auf der Blair-Athol-Flasche stellt einen Otter dar, denn die Wasserversorgung der Brennerei ist der »Bach des Otters« (*Allt Dour Burn*). Blair Athol ist ein warmer, bernsteinfarbener Single Malt.

Brennerei-Angaben

- 1798
- United Distillers
- Gordon Donoghue
- Allt Dour Burn
- 2 Wash 2 Spirit
- k.A.
- Ostern bis Sept.:
  Mo.–Sa.: 9.00–17.00
  So.: 12.00–17.00
  Okt. bis Ostern:
  Mo.–Fr.: 9.00–17.00
  Dez. bis Feb.:
  Rundgänge nur nach Vereinbarung.

Das Single-Malt-Whisky-Verzeichnis

Alter und Auszeichnungen
Blair Athol, 12 Jahre, 43 %

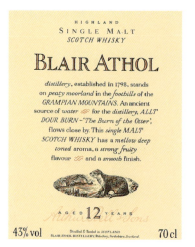

Verkostungsnotizen

ALTER: 12 Jahre, 43 %

DUFT: Ein kalter *hot toddy*; frisch, mit Honig und Zitrone

GESCHMACK: Ein warmer Malt mit einer Spur Süße und Rauch

Bowmore

ISLAY

BOWMORE DISTILLERY, BOWMORE, ISLAY, ARGYLL PA43 7JS
TEL: 0044–1496 810441 FAX: 0044–1496 810757

Es gibt keinen schöneren Platz, um dem blutroten Sonnenuntergang über dem Meer zuzusehen, als den Pier von Bowmore. Besucher, die sich der Brennerei von der Straße her nähern, werden die Round Church sehen, die Daniel Campbell 1767 erbaute, ein sehr schönes Gebäude mit einem achteckigen Turm, das am oberen Ende der durch die Stadt zum Meer verlaufenden Hauptstraße liegt. Die Bewohner von Bowmore sagen, die Kirche sei rund, damit der Teufel keine Möglichkeit habe, sich zu verstecken.

Brennerei-Angaben

- 1779
- Morrison-Bowmore Distillery Ltd.
- Islay Campbell
- River Laggan
- 2 Wash 2 Spirit
- ehemalige Bourbon- und Sherry-Fässer
- Mo.–Fr. 10.00–15.30 (letzter Rundgang) 2 £ Eintritt (wird im Laden der Brennerei angerechnet)

Wie alle Islay-Brennereien liegt die Bowmore-Brennerei dicht an der Küste. Eines ihrer Lagerhäuser befindet sich aber unterhalb des Meeresspiegels, so daß die Wellen des Atlantik dem Whisky eine spezielle Note verleihen.

Bowmore wurde 1779 erbaut und ist eine der ersten registrierten Brennereien Schottlands. Im Zweiten Welt-

krieg diente sie als Basis für Flugboote des Küstenkommandos. 1963 kaufte Stanley P. Morrison die Brennerei und funktionierte einen der Zollspeicher zu einem öffentlichen Schwimmbad um, das mit der überschüssigen Wärme aus der Brennerei beheizt wird.

Bowmore produziert eine große Auswahl an besonderen Malts aus seiner firmeneigenen Mälzerei (sie ist eine von wenigen Brennereien, die ihre Gerste selbst mälzen). Die Gerste wird in torfbefeuerten Darren getrocknet, und der Whisky reift in Bourbon- und Sherry-Fässern. Die Farben der Malts reichen von hellem Gold bis zu Bernstein und Bronze und erinnern an die Farben eines Sonnenuntergangs in Bowmore.

Alter und Auszeichnungen
Abfüllungen ohne Altersangabe (Legend) sowie mit 12, 17, 21, 25 und 30 Jahren; Black Bowmore ist eine Rarität; auch Spezialabfüllungen für den Exportmarkt
1992 IWSC-Preis für den besten Single Malt (21 Jahre)
1994 Bester Special-Edition-Malt (Black Bowmore)
1995 Distiller of the Year

Verkostungsnotizen

ALTER: Ohne Altersangabe, 40 %
DUFT: Torf mit Seenote
GESCHMACK: Seenoten und Rauch mit Zitrusfrüchten, frischer, wärmender Abgang

ALTER: 12 Jahre, 43 %
DUFT: Leichter, rauchiger Duft mit kräftigerer Seenote
GESCHMACK: Das Heidekraut aus dem Torf und die Seenote verbinden sich zu einem runden Geschmack mit langem Abgang.

ALTER: 17 Jahre, 43 %
DUFT: Rauchiges Aroma, Spuren von Früchten und Blumen
GESCHMACK: Ein vielschichtiger Malt voller Honig-, Seetang-, Toffee- und Zitrusfrucht-Geschmacksnoten mit einem langen, milden Abgang; ein idealer Digestif

Bruichladdich

ISLAY

BRUICHLADDICH, ISLAY, ARGYLL PA49 7UN
TEL: 0044–1496 850221

Die Bruichladdich-Brennerei liegt am Ufer von Loch Indaal und ist Schottlands am weitesten westlich gelegene Brennerei. Sie wurde 1881 von Robert William und John Gourlay Harvey errichtet und 1886 als Bruichladdich Distillery Co. (Islay) Ltd. neu gegründet. Bis 1929 stellte sie wieder Whisky her, ehe der Betrieb für etwa acht Jahre ruhte. Inzwischen gehört die Brennerei zum Geschäftsbereich von Whyte & Macay und ist leider wieder stillgelegt. Sie wurde 1995 »eingemottet«.

Bruichladdich ist sanfter als die üblicherweise torfigen Islay Malts.

Brennerei-Angaben

- 1881
- The Whyte & Mackay Group Plc.
- nicht in Betrieb
- Wasserreservoir
- 2 Wash 2 Spirit
- Weißeiche
- keine Besuche

Verkostungsnotizen

ALTER: 10 Jahre, 40 %
DUFT: Ein erfrischendes, subtiles Aroma
GESCHMACK: Mittelschwer, Geschmack anhaltend, Zitrusfrucht- und Torfnoten; ein leichter Malt

Bunnahabhain

ISLAY

Bunnahabhain Distillery, Port Askaig, Isle of Islay,
Argyll PA46 7RR
Tel: 0044–1496 840646 Fax: 0044–1496 840248

Die Whisky-Herstellung ist seit über 400 Jahren Teil des Lebens auf Islay. Bunnahabhain wurde 1883 erbaut, um den Bedarf der Whisky-»Blender« an guten Malt Whiskys, speziell denen von Islay, zu decken. Das Gelände wurde ausgewählt, da es vom Festland aus mit dem Boot erreichbar ist und über eine Versorgung mit frischem, torfigem Wasser verfügt. Das gälische Wort Bunnahabhain bedeutet »Flußmündung« und bezieht sich auf den River Margadale, an dessen Mündung die Greenless-Brüder die Brennerei erbauten.

Brennerei-Angaben

- 1883
- The Highland Distilleries Co. Ltd.
- Hamish Proctor
- River Margadale
- 2 Wash 2 Spirit
- Bourbon und Sherry
- nach Vereinbarung

Die Brüder verwendeten Steine aus der Umgebung für die Anlage, deren Gebäude ein Quadrat mit einer Toreinfahrt bilden. Außerdem ließen sie ein Verbindungsstück zur Straße nach Port Askaig anlegen. Auch wurden in ihrem Auftrag ein Pier sowie Häuser für die Belegschaft und den Steuereintreiber erstellt. Aufgrund des Wetters auf Islay kam es häufig zu Verzögerungen; einmal zerstörte ein Sturm sogar einen großen Teil des Baus und riß zwei neue

Verkostungsnotizen

ALTER: 12 Jahre, 40 %

DUFT: Deutliches See- und Sommerblumen-Aroma

GESCHMACK: Als Islay-Malt eine Überraschung mit nur einer Spur Torf, leicht und malzig; ein vollmundiger, kräftiger Abgang; besonders bei Whisky-Trinkern in Übersee als Digestif beliebt

Alter und Auszeichnungen
Bunnahabhain, 12 Jahre, 40 %
1963 Spezialbrennung

Dampfkessel vom Strand über die Meerenge des Sound of Islay bis nach Jura. Heute können Besucher vier Landhäuser in der Nähe der Brennerei mieten.

Nachdem anfangs ausschließlich für die großhandelsüblichen Whisky-Verschnitte produziert worden war, brachten die jetzigen Besitzer, Highland Distillers, in den 70er Jahren einen zwölfjährigen Bunnahabhain heraus, der nur leicht torfig ist und einen weichen, milden Charakter sowie eine korngoldene Farbe hat.

Das Single-Malt-Whisky-Verzeichnis

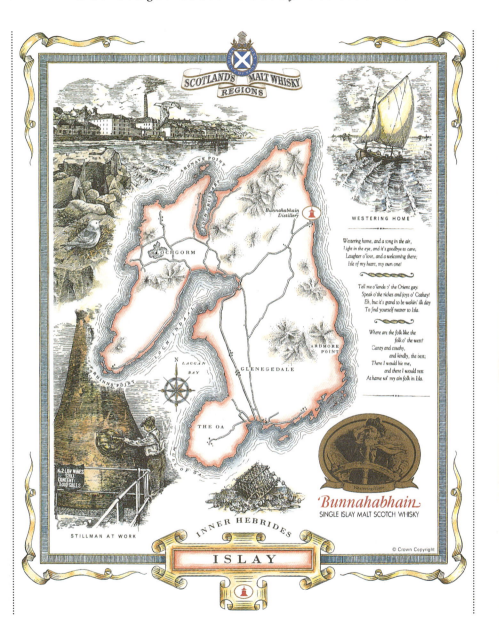

Bushmills

NORDIRLAND

OLD BUSHMILLS, BUSHMILLS, CO. ANTRIM BT57 8XH
TEL: 0044-1265 731521 FAX: 0044-1265 731339

Bushmills ist die älteste registrierte Brennerei im Vereinigten Königreich. Sie wurde 1608 gegründet und liegt nicht weit vom Giant's Causeway. Bis 1988, als die Brennerei von der Pernod-Ricard-Gruppe erworben wurde, war Bushmills im Besitz der Irish Distillers Ltd.

Nicht weit von Bushmills entspringt die Wasserquelle der Brennerei, St. Columb's Rill, im Torfmoor und fließt in den Bush River. Schon 1276 entstanden die ersten Geschichten über die Spirituosenherstellung in dieser Gegend, und um 1600 gab es längs des Flußufers viele Mühlen mit Brennereien. Das Whiskey-Brennen war Bestandteil des städtischen Alltagslebens, und noch heute sind die pagodenförmigen Mälzerei-Türme der Brennerei eine Attraktion der Stadt.

Brennerei-Angaben

- 1608
- Société Pernod-Ricard
- Frank McHardy
- St Columb's Rill
- 4 Wash 5 Spirit
- ehemalige Bourbon- und Sherry-Fässer
- Mo.–Do.: 9.00–12.00 und 13.30–16.00
  Im Sommer:
  Fr.: 9.00–16.00,
  Sa.: 10.00–16.00

Wie in Schottland nutzten die Bauern in Irland die Whiskey-Herstellung dazu, überschüssiges Getreide zu verwerten. Die reichen Vorräte an reinem Wasser und Torf stellten die gleichbleibende Grundversorgung sicher. Bei Bushmills wird der Whisky wie bei Auchentoshan und Rosebank in Schottland dreifach gebrannt, wodurch er schlichter ist als nur zweifach destillierter Whisky. Es ist sehr schwierig zu bestimmen, was den einen Whisky vom anderen unterscheidet, aber abgesehen von der Dreifachdestillation hat Bushmills wegen seiner südlicheren Lage ein wärmeres Klima, was die Reifung in den Fässern beeinflußt. Zweifellos ist Bushmills ein sehr charakteristischer Whisky mit einem vollmundigen Geschmack.

Alter und Spezialabfüllungen
Bushmills, 10 Jahre, 40 %
Bushmills, 16 und 19 Jahre
Export, 10 Jahre, 43 %

Verkostungsnotizen

ALTER: 10 Jahre, 40 %
DUFT: Warm, Honig mit Sherry und Gewürzen
GESCHMACK: Ein warmer, sanfter Malt mit vollen, süßen und würzigen Geschmacksnoten; als Digestif zu empfehlen

Caol Ila

ISLAY

Caol Ila Distillery, Port Askaig, Islay, Argyll PA46 7RL
Tel: 0044-1496 840207 Fax: 0044-1496 840660

Das Etikett auf einer Caol-Ila-Flasche zeigt eine Seehundzeichnung. Diese Tiere schwimmen in der Meerenge von Jura vor der Brennerei. Einen der vielleicht schönsten Ausblicke auf die als »Paps of Jura« bekannten Berge hat man vom Destillationsgebäude aus, wenn sie vorübergehend aus dem Nebel auftauchen.

Die Brennerei wurde 1846 von Hector Henderson, dem Besitzer der Camlachie-Brennerei in Glasgow, zusammen mit den Arbeiterhäusern aus Steinen der Umgebung erbaut. Die Anlage verfügt über eine eigene Landungsbrücke. Bis vor relativ kurzer Zeit erreichten die Vorräte per Dampfzug die Brennerei, während der Whisky mit Dampfschiffen abtransportiert wurde. Im Jahr 1927 erwarben die Distillers Co. Ltd. eine maßgebliche Beteiligung an Caol Ila, ließen die Brennerei 1974 weitgehend umbauen und erhöhten die Zahl der Brennblasen von zwei auf sechs. Coal Ila ist die größte Brennerei auf der Insel, und die modernen Gebäude scheinen in der abgelegenen Landschaft von Islay etwas fehl am Platz.

Brennerei-Angaben

- 1846
- United Distillers
- Mike Nicolson
- Loch Nam Ban
- 3 Wash 3 Spirit
- k. A.
- Termin bitte telefonisch vereinbaren

Verkostungsnotizen

ALTER: 15 Jahre, 43 %

DUFT: Klar mit See-, Rauch- und Apfelaromen

GESCHMACK: Mit 100 % getorftem Malz gebrannt; dennoch milder Geschmack mit leichter Seenote; klarer Abgang; ein Malt, nach dem zu suchen sich lohnt

ALTER: 20 Jahre (1975 gebrannt); 61,12 % (Rare Malts Selection)

DUFT: Aroma kräftiger, torfiger

GESCHMACK: Mild, trocken; torfig, leicht salzig; ein Hauch Süße; Abgang lang und sanft

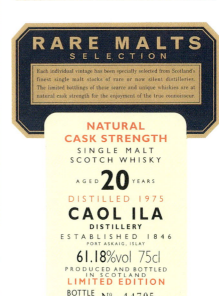

Alter und Auszeichnungen
Caol Ila, 15 Jahre, 43 %
von United Distillers
20 Jahre (1975 gebrannt), 61,12 %;
limitierte Abfüllung von
United Distillers (Rare Malt Selection)

Caol-Ila-Malt war früher nur bei Fachhändlern erhältlich, wird jetzt jedoch von United Distillers abgefüllt und ist in guten Spirituosenhandlungen zu finden. Caol Ila ist blaß-strohfarben und hat einen gut abgerundeten, leicht torfigen Geschmack; er ist ein exzellenter Einstieg in die Islay Malts.

Caperdonich

SPEYSIDE

CAPERDONICH DISTILLERY, ROTHES, MORAYSHIRE AB38 7BS
TEL: 0044– 1542 783300

Der Besitzer der Glen-Grant-Brennerei, Major James Grant, errichtete 1897 eine zweite Brennerei, die viele Jahre lang als Glen Grant Nr. 2 bekannt war. Der hier hergestellte Single Malt hatte seine eigenen Merkmale. Die beiden Brennereien wurden durch eine Leitung, die die Hauptstraße kreuzte, miteinander verbunden, und »die Straßen von Rothes waren voller Whisky«, wie ein Zeuge aus jenen Tagen bemerkte.

Brennerei-Angaben

- 1897
- The Seagram Co. Ltd.
- Willie Mearns
- The Caperdonich
- Burn

- 2 Wash 2 Spirit
- k. A.
- nach Vereinbarung

SPEYSIDE

Die Brennerei schloß 1902 und wurde von den Glenlivet Distillers Ltd. 1965 umgebaut. Benannt ist sie nach dem Caperdonich-Brunnen, der Wasserquelle beider Brennereien. 1967 erhöhte man die Zahl der Brennblasen von zwei auf vier. Caperdonich wird normalerweise nicht als Single Malt verkauft; Seagrams verwenden ihn in ihren berühmten Verschnitten, aber hin und wieder erhält man bei Fachhändlern einzelne Single-Malt-Flaschen.

Caperdonich ist ein blasser, warmer, goldfarbener Single Malt.

Alter und Auszeichnungen
Nicht von der Brennerei abgefüllt; nur bei Fachhändlern wie Gordon & MacPhail erhältlich

Verkostungsnotizen
ALTER: 1980, 40 %
DUFT: Weiches Aroma mit einem Hauch Torf und Sherry
GESCHMACK: Mittelschwer; warmer, fruchtiger Geschmack und langer rauchiger Abgang

Cardhu

SPEYSIDE

CARDHU DISTILLERY, KNOCKANDO, ABERLOUR,
BANFFSHIRE AB38 7RY
TEL: 0044–1346 810204 FAX: 0044–1340 810491

John Cumming fing 1813 als Farmer in Cardow an und brannte seinen Whisky in dieser isolierten Lage weitgehend ungestört von den Steuereintreibern. Da die Beamten aber auf seinem Hof zu übernachten pflegten, hißte Cummings Frau Ellen eine rote Flagge, um die anderen Whisky-Brenner in der Gegend zu warnen, sobald die Steuereintreiber beim Essen saßen und somit ungefährlich waren. 1824 erwarb John Cumming schließlich eine Konzession. Später kaufte Elizabeth Cumming, die das Geschäft 17 Jahre lang führte, Land hinzu und ließ eine neue Brennerei errichten. Im Jahr 1893 kauften John Walker & Sons Ltd. Cardow und fusionierten das Unternehmen 1925 mit der Distillers Company Ltd. 1960–61 wurde die Brennerei umgebaut und die Zahl der Brennblasen von vier auf sechs erhöht.

Der Name Cardow wurde 1981 in Cardhu umgeändert. Hier gibt es 16 Häuser für Angestellte, und die

Brennerei-Angaben

- 1824
- United Distillers
- Charlie Smith
- Quellen am Mannoch Hill und der Lyne Burn
- 3 Wash 3 Spirit
- k.A.
- Jan.–Dez.: Mo.–Fr.: 9.30–16.30 Mai–Sep.: auch Sa.; Cafeteria, Ausstellung und Picknickgelände

Alter und Auszeichnungen
Cardhu, 12 Jahre, 40 %
1992 Toilet of the Year Award

Verkostungsnotizen
ALTER: 12 Jahre, 40 %
DUFT: Warmer Honig, Gewürze; winterlicher Sonnenschein
GESCHMACK: Frisch am Gaumen, eine Spur Honig und Muskatnuß; sanfter Abgang

Farm besitzt noch immer 150 Morgen Land zur Produktion von Gerste sowie zur Schaf- und Rinderzucht.

Cardhu ist ein gold- bis bernsteinfarbener Single Malt.

Clynelish & Brora

HIGHLANDS

Clynelish, Brora, Sutherland KW9 6LB
tel: 0044–1408 621444 fax: 0044–1408 621131

Die Clynelish-Brennerei wurde 1819 vom Marquess of Stafford gegründet. Eine Konzession für die Brennerei erhielt zunächst James Harper. In Aufzeichnungen heißt es: »Der erste Hof jenseits des Gemeindelandes (von Brora) ist Clynelish, den vor kurzem Mr. Harper aus der Grafschaft Midlothian übernahm. Auf dieser Farm wurde auch gerade eine Brennerei mit einem Aufwand von 750 Pfund errichtet.« Andrew Ross war der nächste Pächter, und 1846 übernahm George Lawson den Pachtvertrag. Er erweiterte die Brennerei und ersetzte die Brennblasen. Als die Brennerei an Ainsle & Co., »Blender« in Leith, verkauft wurde, war sie »ein außergewöhnlich wertvoller Besitz« (Harper's Weekly, 1896). 50 % von Clynelish wurden 1912 von der Distillers Company Ltd. erworben.

Brennerei-Angaben

- 1819, neu 1967
- United Distillers
- Bob Robertson
- Clynemilton Burn
- 6 Wash 6 Spirit
- k. A.
- März–Okt.:
  Mo.–Fr.: 9.30–16.00
  Nov.–Feb.: nur nach Vereinbarung

Alter und Auszeichnungen

Der vierzehnjährige Clynelish
von United Distillers ist ohne weiteres erhältlich.
Clynelish, 23 Jahre (1972 gebrannt), 57,1 %
von United Distillers (Rare Malts Selection)
Brora (1972), erhältlich bei Gordon & MacPhail
sowie als 1982er bei Cadenheads
ROSPA Gold Award for Safety

Verkostungsnotizen

ALTER: Clynelish, 23 Jahre (gebrannt 1972), 57,1 %
DUFT: Voller Früchte und Gewürze, warm, einladend
GESCHMACK: Sanft, zuerst etwas trocken, dann süßer und fruchtiger; Abgang kräftig, aromatisch; ein seltener Malt, nach dem zu suchen sich lohnt

1967–68 entstand in der Nähe eine neue Brennerei, die den Namen Clynelish übernahm, während die alte Brennerei für eine Zeitlang geschlossen wurde. Bei ihrer Wiedereröffnung im April 1975 benannte man sic in Brora um.

Clynelish und Brora haben dieselbe Wasserquelle, den Bach Clynemilton.

Cragganmore

SPEYSIDE

CRAGGANMORE DISTILLERY, BALLINDALLOCH, BANFFSHIRE AB37 9AB
TEL: 0044–1807 500202 FAX: 0044–1807 500288

1869 gründete John Smith die Cragganmore-Brennerei. Der erfahrene Whisky-Produzent führte in den 50er Jahren des 19. Jahrhunderts die Macallan-Brennerei, gründete 1858 Glenlivet, leitete dann die Wishaw-Brennerei und kehrte schließlich 1865 als Pächter nach Speyside zurück.

Die Brennerei wurde auf der Ayeon Farm in der Nähe der Strathspey-Eisenbahn erbaut. Als John Smith 1886 starb, übernahm sein Bruder George die Leitung von Cragganmore. Anschließend wurde sie von dessen Sohn John geführt, der das Brennerei-Gewerbe in Transvaal erlernt hatte. Seine Witwe verkaufte das Unternehmen 1923 an eine Gruppe von Geschäftsleuten. Von 1941 bis 1946 war die Brennerei geschlossen, wurde aber 1964 erweitert und die Anzahl der Brennblasen von zwei auf vier erhöht. 1965 wurde Cragganmore Mitglied der Distillers Company aus Edinburgh.

Cragganmore wird von United Distillers im »Classic-Malt«-Sortiment vertrieben.

Brennerei-Angaben

- 1869
- United Distillers
- Mike Gunn
- Craggan Burn
- 2 Wash 2 Spirit
- k. A.
- nur Fachbesucher, nach Vereinbarung

Das Single-Malt-Whisky-Verzeichnis

Alter und Auszeichnungen

Cragganmore, 12 Jahre, 40 % von United Distillers

Cragganmore (1978) von Gordon & MacPhail; als 1982er von Cadenheads

Verkostungsnotizen

ALTER: 12 Jahre, 40 %

DUFT: Trocken, Honigaroma

GESCHMACK: Angenehm, mittelschwer, kurzer, rauchiger Abgang

Craigellachie

SPEYSIDE

CRAIGELLACHIE DISTILLERY, CRAIGELLACHIE, ABERLOUR,
BANFFSHIRE AB38 9ST
TEL: 0044-1340 881211 FAX: 0044-1340 881311

Alexander Edward erbaute 1891 die schon drei Jahre zuvor gegründete Craigellachie-Brennerei, die an einem Abhang oberhalb des Dorfes Craigellachie liegt. 1916 wurde sie von Sir Peter Mackie, dem Vater des Whisky-Verschnitts White Horse, gekauft, dann 1927 von der Distillers Company Ltd. übernommen. Im Jahr 1964 baute man die Brennerei um und erhöhte die Zahl der Brennblasen.

Brennerei-Angaben

- 1891
- United Distillers
- Archie Ness
- Little Conval Hill
- 2 Wash 2 Spirit
- k.A.
- keine Besuche

Verkostungsnotizen

ALTER: 22 Jahre, 60,2 %
DUFT: Kräftig, volles Torfaroma
GESCHMACK: Täuschend leicht, mittelschwerer Körper, rauchig und würzig

Das Single-Malt-Whisky-Verzeichnis

Alter und Auszeichnungen
Craigellachie, 14 Jahre, 43 %
Craigellachie, 22 Jahre (gebrannt 1973),
60,2 % (limitierte Abfüllung,
United Distillers Rare Malts Selection)

Dailuaine

SPEYSIDE

DAILUAINE DISTILLERY, CARRON, ABERLOUR, BANFFSHIRE AB38 7RE
TEL: 0044–1340 810361 FAX: 0044–1340 810510

Wie viele Brennereien begann Dailuaine ihren Werdegang als Farm. Das gälische Wort bedeutet »grünes Tal«, und die 1851 von William Mackenzie gegründete Farm liegt in einer Senke direkt am Bach Carron Burn. 1863 stellte die Strathspey-Eisenbahn eine Verbindung nach Carron am anderen Ufer des Flusses Spey her. Nach Mackenzies Tod verpachtete seine Frau Jane die Brennerei an James Fleming aus Aberlour; ihr Sohn Thomas wurde dabei 1879 Geschäftspartner. Nach seinem Tod im Jahr 1915 wurde das Unternehmen von der Distillers Company Ltd. erworben.

Ein großer Teil von Dailuaine wurde 1917 durch ein Feuer zerstört, aber schon bald wurde die Brennerei neu auf- und 1959–60 noch einmal umgebaut. Bis 1967 wurden Gerste, Kohle, leere Fässer und Whiskyversendungen per Eisenbahn von und nach Dailuaine transportiert, die aufgrund von Sparmaßnahmen 1967 (S. 244) jedoch geschlossen wurde. Die Brennerei-Lokomotive Dailuaine Nr. 1, 1939 von Barclay in Kilmarnock gefertigt, wurde vom Unternehmen erhalten, und man kann sie auf der Strathspey-Eisenbahn fahren sehen.

Brennerei-Angaben

- 1851
- United Distillers
- Neil Gillies
- Ballieumullich Burn
- 3 Wash 3 Spirit
- k. A
- keine Besuche

Das Single-Malt-Whisky-Verzeichnis

Alter und Auszeichnungen
Dailuaine, 16 Jahre
Dailuaine, 22 Jahre (1973 gebrannt),
60, 92% (limitierte Abfüllung,
United Distillers Rare Malts Selection)

Verkostungsnotizen

ALTER: Dailuaine, 22 Jahre, 60,92 %

DUFT: Volles, rauchiges Aroma mit einem Hauch Honig

GESCHMACK: Würzig, auf der Zunge wie Plumpudding und mit einem süßen, langen, belebenden Abgang

Dallas Dhu

SPEYSIDE

DALLAS DHU DISTILLERY, FORRES, MORAYSHIRE IV37 0RR
TEL: 0044– 1309 676548

Dallas Dhu wurde 1898 von Wright & Greig, Whisky-»Blender« aus Glasgow, zusammen mit Alexander Edward gebaut. Die Planung übernahm Charles Doig, ein technischer Berater aus Elgin, der für die Errichtung vieler Brennereien zur Zeit des Booms von Malt Whisky gegen Ende des 19. Jahrhunderts verantwortlich war. Dieser Boom schlug 1899 in eine Rezession um, und viele Brennereien mußten schließen, und obwohl die Bauarbeiten zunächst gestoppt wurden, begann die Brennerei schließlich zu florieren. 1919 kauften J. R. O'Brian & Co. Ltd., Whisky-Hersteller aus Glasgow, das Unternehmen. Der Besitzer wechselte ein weiteres Mal, als Dallas Dhu 1921 von Benmore Distillers Ltd. aus Glasgow erworben wurde, die 1929 an die Distillers Company Ltd. verkauften.

Brennerei-Angaben

- 1898
- United Distillers
- nicht in Betrieb
- Altyre Burn
- k. A.
- k. A.
- Apr.–Sep.: 9.30–18.30, So. 14.00–18.30
  Okt.–Mär.: 9.30–16.30
  So. 14.00–18.30 Uhr
  Do. nachmittags und Fr. geschlossen

Das Single-Malt-Whisky-Verzeichnis

Die Brennerei wurde 1983 geschlossen und wird heute von »Historic Scotland« als »lebendiges Museum« betrieben. Vorräte von Dallas Dhu wurden von United Distillers als Teil des »Rare-Malts«-Sortiments abgefüllt und sind auch bei Spezialabfüllern erhältlich.

Alter und Auszeichnungen
24 Jahre, 59,9 %
von United Distillers
12 Jahre, 40 %
von Gordon & MacPhail

Verkostungsnotizen
ALTER: 12 Jahre, 40 %
DUFT: Warm, mit Sherry und Torf
GESCHMACK: Ein gut abgerundeter rauchiger Malt; warmer, leicht eichentöniger Abgang

The Dalmore

HIGHLANDS

DALMORE DISTILLERY, ALNESS, ROSS-SHIRE IV17 0UT
TEL: 0044–1349 882362 FAX: 0044–1349 883655

The Dalmore bedeutet »das weite Wiesenland« und hat seinen Namen vom ausgedehnten Weideland der Black Isle gegenüber der Brennerei. Es ist ein grandioser Teil Schottlands, und als Besucher wird man mit außergewöhnlichen Ausblicken belohnt. Die Straße zur Brennerei ist eng und führt den Berghang hinab zu den Gebäuden. Die Schlammzone der Küste bietet Ornithologen ein reiches Vorkommen von Stelzvögeln und wilden Schwänen, die man rund um den Abfluß der Brennerei sehen kann. Doch Vorsicht, an einigen Stellen kann der Schlamm gefährlich sein! 1839 wurde die Brennerei von Alexander Matheson, einem Mitglied der Handelsgesellschaft Jardine Matheson in Hongkong, auf der Ardross Farm erbaut. Er entschied sich für Ardross, da diese Farm dicht am River Alness lag, gut mit dem Boot zu erreichen war und sich inmitten von gutem Gerstenland befand. Der Wald von Ardross bedeckt die Hügel hinter der Brennerei.

Brennerei-Angaben

- 1839
- The Whyte & Mackay Group Plc
- Steve Tulevicz
- The River Alness
- 4 Wash 4 Spirit
- Oloroso-Sherryfässer und amerikanische Weißeiche
- Sep.–Mitte Juni: Mo., Di. und Do. 11.00 oder 14.00 Uhr (nach Vereinbarung, Tel.: 01349 882362)

Das Single-Malt-Whisky-Verzeichnis

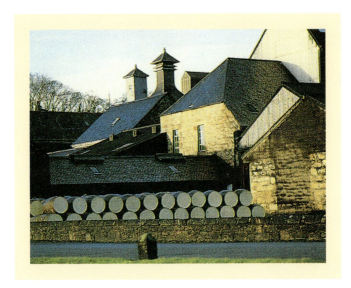

Während noch um 1850 eine Margaret Sutherland als »gelegentliche Brennerin« erwähnt wird, wurde das Unternehmen 1886 von der Mackenzie-Familie gekauft, die sich 1960 mit Whyte & Mackay Ltd. zur Dalmore-Whyte & Mackay Ltd. zusammenfand. Im Ersten Weltkrieg wurde die Produktion eingestellt; von den tiefen Gewässern des Firth of Cromartry angezogen, nutzte die amerikanische Marine die Gebäude zur Minenherstellung. 1956 wurden Saladin-Mälzer eingebaut, und 1966 erhöhte man die Zahl der Brennblasen von vier auf acht.

In Dalmore reift der Whisky in amerikanischen Weißeiche- und Oloroso-Sherry-Fässern. Das kühlere Klima im Norden verlangsamt wohl den Reifungsprozeß etwas, während der Geschmack den Charakter des weichen Wassers, des nur leicht getorften Malzes und der Seewinde wiedergibt.

Verkostungsnotizen

ALTER: 12 Jahre, 40 %
DUFT: Volles, fruchtiges Aroma mit einem Hauch Sherry-Süße
GESCHMACK: Voller Körper, Anklänge an Honig und Gewürze; trockener Abgang

Das Single-Malt-Whisky-Verzeichnis

Alter und Auszeichnungen
The Dalmore, 12 Jahre, 40 %
Spezialabfüllungen mit 18, 21, 30 Jahren
Stillman's Dram besondere Altersstufen
von 23, 27 und 30 Jahren
Spezialabfüllung von höchstens
300 Flaschen mit 50 Jahren

Dalwhinnie

HIGHLANDS

Dalwhinnie Distillery, Dalwhinnie, Inverness-shire PH19 1AB
tel: 0044–1528 522240

Dalwhinnie Single Malt gehört zum »Classic-Malt«-Sortiment von United Distillers.

Die Dalwhinnie-Brennerei nahm ihren Betrieb 1898 unter dem Namen Strathspey-Brennerei an einem beliebten Treffpunkt für Viehtreiber aus dem Norden und Westen (gälisch *dalwhinnie* = »Treffpunkt«) auf. Sie liegt 327 m über dem Meeresspiegel in der Nähe von Lochan an Doire-uaine, eine Quelle mit klarem Wasser, das durch Torfland in den Bach Allt an t-Sluie fließt. Die Brennerei wurde sehr bald an A. P. Blyth, der auch eine Brennerei in Leith besaß, verkauft. Im Jahr 1905 übernahmen Cook & Bernheimer aus New York, führende Whisky-Hersteller in den USA, das Unternehmen für 2000 Dollar. Sie verkauften es 1920 an Sir James Calder, der es 1926 an die Distillers Company Ltd. veräußerte. Nach einem Brand wurde die Brennerei 1934 geschlossen und öffnete erst wieder nach dem Zweiten Weltkrieg.

Die Dalwhinnie-Brennerei hat auch ein Wetteramt, und der Manager liest täglich die Meßgeräte ab.

Brennerei-Angaben

- 1898
- United Distillers
- Robert Christine
- Allt an t-Sluie Burn
- 1 Wash 1 Spirit
- k. A
- Ostern–Okt.:
Mo.–Fr.: 9.30–16.30;
andere Besuchszeiten nach Vereinbarung
(Tel. 01528–522268)

Das Single-Malt-Whisky-Verzeichnis

Alter und Auszeichnungen
Dalwhinnie, 15 Jahre, 43 %

Verkostungsnotizen
ALTER: 15 Jahre, 43 %
DUFT: Trocken, aromatisch
GESCHMACK: Ein schöner Malt mit Spuren von Honig und einem üppigen, süßen Abgang

Deanston

HIGHLANDS

DEANSTON DISTILLERY, DEANSTON, NEAR DOUNE,
PERTHSHIRE FK16 6AG
TEL: 0044-1786 841422 FAX: 0044-1786 841439

Die Deanston-Brennerei ist einzigartig, da sie im Gebäude einer alten Baumwollspinnerei untergebracht ist, das Richard Arkwright, der Erfinder der Feinspinnmaschine, entwarf. Baumwollspinnereien und Whisky-Brennereien haben einen gemeinsamen Rohstoff: reines Wasser. Deanston liegt am Ufer des River Teith, der für seinen Lachs und sein reines Wasser bekannt ist. Früher wurde die Spinnerei mit Wasserkraft angetrieben, heute hat sie ihr eigenes Elektrizitätswerk. Das Hauptgebäude und die Lagerhäuser gehen auf das Jahr 1785 zurück und wurden 1966 in eine Brennerei umgebaut, die 1990 von Burn Stewart Distillers erworben wurde.

Brennerei-Angaben

- 1966
- Burn Stewart Distillers Plc.
- Ian Macmillan
- River Teith
- 2 Wash 2 Spirit
- Whisky und Sherry
- keine Besuche

Alter und Auszeichnungen
Deanston, 12, 17 und 25 Jahre

Das Single-Malt-Whisky-Verzeichnis

Deanston ist ein blaßgoldener Malt mit sanftem, mildem Charakter. Der fünfundzwanzigjährige Malt wird in unverwechselbare ovale Flaschen abgefüllt, von denen jährlich nur 2000 Stück auf den Markt kommen.

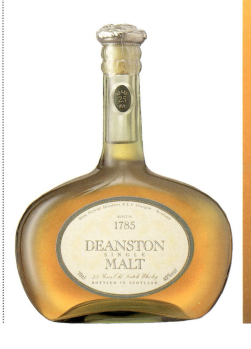

Verkostungsnotizen

ALTER: 12 Jahre, 40 %
DUFT: Ein echtes Getreide-Aroma
GESCHMACK: Zunächst erreicht die Malznote den Gaumen, dann Zitrusfrucht- und Honignote

ALTER: 17 Jahre, 40 %
DUFT: Erst trocken und etwas torfig, mit warmen Sherry-Aromen
GESCHMACK: Vollmundig mit Sherry-Beinoten und torfigem, trockenem Abgang

ALTER: 25 Jahre, 40 %
DUFT: Die längere Reifung erzeugt einen volleren, süßeren Malt mit vielschichtigem Aroma
GESCHMACK: Voller Körper, cremig, geprägt von Eichen-Tanninen; rauchiger Abgang; ein seltener und vorzüglicher Malt

Das Single-Malt-Whisky-Verzeichnis

Drumguish

HIGHLANDS

DRUMGUISH DISTILLERY, GLEN YROMIE, KINGUSSIE,
INVERNESS-SHIRE PH21 INS
TEL: 0044–1540 661060 FAX: 0044–1540 661959

Die Geschichte der Drumguish-Brennerei ist zugleich die Geschichte einer Familie und vor allem die eines Mannes. Die Christies begannen 1962 Drumguish neben der ursprünglichen, 1911 geschlossenen Brennerei zu bauen. Die meisten Arbeiten nahm George Christie selbst vor und stellte das Gebäude 1987 fertig. Im Dezember 1990 produzierte die neue Brennerei ihren ersten Alkohol.

Die Drumguish-Brennerei ist ein gemauerter Steinbau mit einem alten, aber funktionstüchtigen Wasserrad.

Brennerei-Angaben

- 1990
- Speyside Distillery Co. Ltd.
- Richard Beattie
- River Tromie
- 1 Wash 1 Spirit
- k. A.
- keine Besuche

Verkostungsnotizen

ALTER: Ohne Angabe, 40 %.
DUFT: Leichtes Aroma, ein Hauch Honig und Frucht
GESCHMACK: Weich am Gaumen, mit etwas Honig und einem langen, sanften Abgang

Alter und Auszeichnungen
Ohne Altersangabe abgefüllt, 40 %
Zukünftige Abfüllungen erfolgen,
wenn der Whisky gereift ist.
Weihnachts-Spezialabfüllung
(100 Flaschen) der ersten Produktion
nach drei Jahren Reifung

Dufftown

SPEYSIDE

DUFFTOWN DISTILLERY, DUFFTOWN, KEITH, BANFFSHIRE AB55 4BR
TEL: 0044–1340 820224 FAX: 0044–1340 820060

Die Dufftown-Glenlivet-Brennerei Co. wurde 1896 in einer alten Getreidemühle gegründet. Das alte Wasserrad befindet sich noch auf dem Gelände in Dufftown. 1897 wurde die Brennerei von P. Mackenzie & Co., Besitzer der Blair-Athol-Brennerei, übernommen und 1933 an Arthur Bell & Sons verkauft. Im Jahr 1967 erhöhte man die Zahl der Brennblasen von zwei auf vier und 1979 auf sechs.

Das Etikett auf der Dufftown-Flasche zeigt den Eisvogel, der in dieser Gegend vorkommt. Man sieht diesen Vogel mit dem glänzenden Gefieder oft am Dullan River hinter den Brennerei-Gebäuden.

Brennerei-Angaben

- 1896
- United Distillers
- Steve McGingle
- Jock's Well
- 3 Wash 3 Spirit
- k. A.
- keine Besuche

Alter und Auszeichnungen
Dufftown, 15 Jahre, 43 %

Das Single-Malt-Whisky-Verzeichnis

Verkostungsnotizen

ALTER: 15 Jahre, 43 %

DUFT: Warm, duftig

GESCHMACK: Sanft, leicht süßlich, mit einer Spur Frucht; ein köstlicher, leichter Malt

The Edradour

HIGHLANDS

EDRADOUR DISTILLERY, PITLOCHRY, PERTHSHIRE PH16 5JP
TEL: 0044–1796 473524 FAX: 0044–1796 472002

Die Edradour-Brennerei ist die kleinste Brennerei Schottlands. Sie wurde 1825 auf Pachtland des Duke of Atholl gegründet und hat sich seitdem kaum verändert. So stellt sie ein gutes Beispiel für eine in Betrieb befindliche viktorianische Brennerei dar. 1886 wurde sie von William Whiteley & Co. Ltd., einer Tochtergesellschaft von J. G. Turney & Sons (USA), gekauft. Edradour befindet sich heute im Besitz von Campbell Distillers, die zur Pernod-Ricard-Gruppe gehören.

The Edradour ist ein goldener, honigfarbener Malt.

Brennerei-Angaben	
🌱	1825
📖	Campbell Distillers Ltd.
💧	John Reid
〰️	Springs on Mhoulin Moor
🅰	1 Wash 1 Spirit
🛢	k. A.
ℹ	Mo.–Sa. 10.30–16.00, 16.30–17.00 So. 12:00–17:00

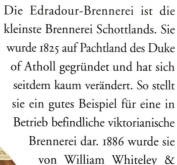

Das Single Malt Whisky-Verzeichnis

Alter, Abfüllungen, Preise
The Edradour, 10 Jahre, 40 % und 43 % (Export)

Verkostungsnotizen
ALTER: 10 Jahre, 40 %
DUFT: Fein, süß, mit einem Hauch Torf
GESCHMACK: Trocken, leich süßlich; nußartiger, sanfter Abgang; ein Malt für jede Gelegenheit

Glenallachie

SPEYSIDE

GLENALLACHIE DISTILLERY, ABERLOUR, BANFFSHIRE AB38 9LR
TEL: 0044-1340 871315 FAX: 0044-1340 871711

Die Glenallachie-Brennerei wurde 1967 von W. Delme Evans für Mackinlay McPherson Ltd., einen Teil der Scottish & Newcastle Breweries Ltd., gebaut. Glenallachie liegt am Fuß des Berges Ben Rinnes. Die Brennerei wurde 1985 von Invergordon Distillers gekauft und 1989 Teil der Campbell Distillers. Zur Zeit sind nur Abfüllungen von Vorräten früherer Besitzer erhältlich.

Brennerei-Angaben

- 1967
- Campbell Distillers Ltd.
- Robert Hay
- Quellen am Ben Rinnes
- 2 Wash 2 Spirit
- k. A.
- keine Besuche

Verkostungsnotizen

ALTER: 12 Jahre, 43 %
DUFT: Leichtes, blumiges Aroma
GESCHMACK: Fein auf der Zunge, mit einer Spur Honig und Frucht; ein langer, süßer Abgang

Alter und Auszeichnungen

Nur von früheren Besitzern erhältlich, 12 Jahre, 43 %

Glenburgie

SPEYSIDE

GLENBURGIE DISTILLERY, BY ALVES, FORRES, MORAYSHIRE IV36 0QY
TEL: 0044-1343 850258 FAX: 0044-1343 850480

Die Glenburgie-Brennerei wurde 1810 als Kilnflat Distillery gegründet und änderte 1871 ihren Namen. Margaret Nicol, die vielleicht erste Managerin überhaupt, verwaltete ab 1925 die Brennerei. Heute gehört Glenburgie zum Geschäftsbereich der Allied Distillers. Die Brennerei liegt am Fuß der Mill Buie Hills etwas oberhalb des Dorfes Kinloss und hat reizvolle Ländereien.

Als hochwertiger Malt findet Glenburgie besonders in Ballantine-Verschnitten Verwendung. Von Allied Distillers ist er als Achtzehnjähriger vorwiegend auf dem Exportmarkt erhältlich, von Gordon & MacPhail in verschiedenen Altersstufen.

Brennerei-Angaben

- 1810
- Allied Distillers Ltd.
- Brian Thomas
- Quellen vor Ort
- 2 Wash 2 Spirit
- Ehemalige Bourbon- und einige Sherry-Fässer
- keine Besuche

Verkostungsnotizen

ALTER: 8 Jahre, 40 %
DUFT: Ein Hauch von Kräutern und Früchten
GESCHMACK: Zunächst kräftig, mit einem anhaltenden, warmen und würzigen Abgang

Glencadam

HIGHLANDS

The Glencadam Distillery Co. Ltd, Brechin, Angus DD9 6AY
tel: 0044–1356 622217 fax: 0044–1356 624926

Im Jahr 1825, als das neue Gesetz die Whisky-Brennerei legalisierte, erwarb George Cooper eine Konzession und gründete Glencadam. Es wird berichtet, daß es hier 1838 zwei Brennereien, zwei Brauereien und 47 Schanklokale gab; heute ist davon nur noch Glencadam übrig. 1891 kauften Gilmour Thomson & Co. Glencadam, um eine beständige und hochwertige Versorgung mit Malt Whisky für ihre Verschnitte sicherzustellen. Damals genoß Gilmour Thomsons »Royal Blend Scots Whisky« die Schirmherrschaft des Prinzen von Wales und führte das königliche Wappen und einen Hirsch in seinem Warenzeichen.

Brennerei-Angaben

- 1825
- Allied Distillers Ltd.
- Calcott Harper
- Loch Lee
- 1 Wash 1 Spirit
- Spanische Eiche
- Mo.–Do. 10.00–16.00

Verkostungsnotizen

ALTER: 1974, 40 %

DUFT: Ein warmes, süßes Aroma mit einem Hauch Zimt

GESCHMACK: Ein abgerundeter Malt mit einer Spur Backäpfeln und Sahne; warmer Abgang

Glen Deveron

HIGHLANDS

MACDUFF DISTILLERY, BANFF, BANFFSHIRE AB4 3JT
TEL: 0044–1261 812612 FAX: 0044–1261 818083

Verwirrenderweise ist der Glen Deveron Single Malt Whisky in der Macduff-Brennerei zu Hause. Wenn Sie ihn bei unabhängigen Abfüllern kaufen, können Sie den Macduff Single Malt Whisky am Etikett erkennen.

Die Brennerei wurde 1962 am River Deveron von einem Konsortium von Geschäftsleuten unter dem Namen Glen Deveron gegründet und ist heute Teil von Bacardi Ltd.

Glen Deveron ist ein blaßgoldener Single Malt.

Brennerei-Angaben

- 1962
- Bacardi Ltd.
- Michael Roy
- Quelle vor Ort
- 2 Wash 3 Spirit
- k. A.
- keine Besuche

Verkostungsnotizen

ALTER: 12 Jahre, 40 %
DUFT: Fein, frisch
GESCHMACK: Ein halbsüßer Malt mit einem langen, frischen Abgang

The Glendronach

SPEYSIDE

GLENDRONACH DISTILLERY, FORGUE, HUNTLY,
ABERDEENSHIRE AB54 6DA
TEL: 0044–1466 730202 FAX: 0044–1466 730313

In Glendronach wurde lange Zeit illegal gebrannt, und dank des abgelegenen Standortes entgingen die Besitzer meist den Steuereintreibern. James Allardes und Teilhaber waren 1826 die zweiten Whisky-Brenner, die eine Konzession für legale Whisky-Herstellung erwarben. Die beiden Anfangsbuchstaben seines Namens (AL) werden dort noch immer auf alle Fässer geprägt. Im Jahr 1960 kauften William Teacher & Sons Ltd. die Brennerei und produzieren den Glendronach Malt überwiegend für den Teachers-Whisky-Verschnitt Highland Cream.

Brennerei-Angaben

- 1826
- Allied Distillers Ltd.
- Frank Massie
- Local springs
- 2 Wash 2 Spirit
- Abgelagerte Eichen- und Sherry-Fässer
- Rundgänge um 10.00 und 14.00; Laden zu den Geschäftszeiten geöffnet

Die Brennerei liegt im Osten der Highlands, am östlichsten Rand der bekannten Whisky-Gegend Speyside. Ihr Malt hat einige Merkmale, die einem Speyside-Malt entsprechen, während man andere eher mit einem Highland-Malt in Verbindung bringt. Daher zählen manche Kenner The Glendronach auch zu den Whiskys der schottischen Highlands.

Auf der Fahrt nach Huntly (das von Aberdeen aus der Brennerei am nächsten liegt) schlängelt sich die Straße durch eine grandiose Hügellandschaft und bietet stets einen Ausblick auf die Berge am Horizont.

Die Gegend ist – nicht nur wegen der Brennerei – unbedingt einen Besuch wert, da sich hier einige der schönsten schottischen Häuser und Burgen befinden. Besuchern von Glendronach bietet sich ein Bild, das seit den frühen Tagen

der Brennerei unverändert geblieben ist: Hochlandrinder, die an der Straße zur Brennerei weiden, in den Bäumen nistende Saatkrähen und der gepflegte Gemüsegarten des Brennmeisters. Derzeit wird nicht gebrannt, aber es sind ausreichende Vorräte bei Weinhändlern erhältlich.

The Glendronach ist von schöner, dunkler Bernstein-Farbe und verdankt seinen Charakter der Verbindung von firmeneigenen Malzböden, Torf und dem Wasser der Highlands.

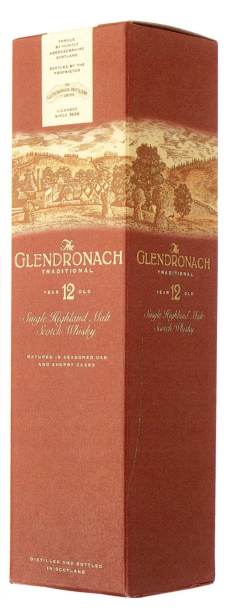

Alter und Auszeichnungen
The Glendronach, 12 Jahre, 40 %
Traditional und Traditional (18 Jahre)
Glendronach, 25 Jahre (1968), gereift in Sherry-Fässern
1993 in der Zeitschrift Decanter: »Äußerst empfehlenswert«
1996 IWSC Silbermedaille

Verkostungsnotizen
ALTER: 12 Jahre, 40 % (Traditional)
DUFT: Ein süßes, sanftes Aroma
GESCHMACK: Anhaltend süßer Geschmack mit rauchigen Anklängen; Abgang angenehm

Das Single-Malt-Whisky-Verzeichnis

Glendullan

SPEYSIDE

GLENDULLAN DISTILLERY, DUFFTOWN, KEITH, BANFFSHIRE AB55 4DJ
TEL: 0044-1340 820250 FAX: 0044-1340 820064

Glendullan war die letzte Brennerei, die im 19. Jahrhundert in Dufftown gebaut wurde. Man errichtete sie 1897 ganz in der Nähe der Mortlach-Brennerei, mit der sie sich ein Anschlußgleis der Great-North-of-Scotland-Eisenbahn teilte. Anfangs war Glendullan im Besitz von William Williams & Sons Ltd. aus Aberdeen. Das Unternehmen wurde 1919, als die Greenlees Brothers Ltd. die Brennerei übernahmen, in Macdonald, Greenlees & Williams umbenannt. Die Distillers Company Ltd. erwarb die Brennerei 1926. Im Jahr 1962 wurde sie umgebaut, und 1972 kam eine neue Brennerei mit sechs Brennblasen hinzu; die alte wurde 1985 geschlossen und wird von United Distillers als Werkstätte für Wartungsarbeiten genutzt.

Die Glendullan-Brennerei ist noch immer auf Macdonald, Greenlees Ltd. zugelassen, die als Whisky-Exporteure weithin bekannt sind. Ihre verbreitetste Marke ist der Whisky-Verschnitt Old Parr.

Brennerei-Angaben

- 1897
- United Distillers
- Steve McGingle
- Quellen in den Conval Hills
- 3 Wash 3 Spirit
- k. A.
- keine Besuche

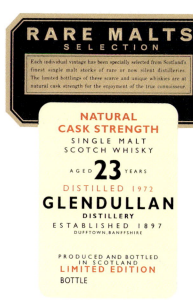

Das Single-Malt-Whisky-Verzeichnis

Alter und Auszeichnungen
Glendullan, 12 Jahre, 43 %
Glendullan, 22 Jahre (1972 gebrannt),
62,6 % (limitierte Abfüllung,
United Distillers Rare Malts Selection)

Verkostungsnotizen
ALTER: 12 Jahre, 43 %
DUFT: Fein, ein Hauch Mandel
GESCHMACK: Warmer, honigtöniger Malt mit langem Abgang

Glen Elgin

SPEYSIDE

GLEN ELGIN DISTILLERY, LONGMOR, ELGIN, MORAYSHIRE IV30 3SL
TEL: 0044-1343 860212 FAX: 0044-1343 862077

Glen Elgin wurde von Charles Doig während des Whisky-Booms in der letzten Dekade des 19. Jahrhunderts geplant. Dieser Boom brach jedoch abrupt ab, als die Firma Pattisons 1899 Konkurs anmeldete. Dennoch begann die Produktion in Glen Elgin am 1. Mai 1900. Die Brennerei wurde 1901 an die Glen-Elgin-Glenlivet Distillery Co. Ltd. verkauft, und für einige Zeit kam die Produktion zum Erliegen. Im Jahr 1906 erwarben die Weinbauern und Spediteure J. J. Blanche & Co. Ltd. aus Glasgow die Brennerei; ihre Produktion blieb jedoch unbeständig. Die Distillers Company Ltd. kaufte Glen Elgin 1930.

Brennerei-Angaben

- 1898–1900
- United Distillers
- Harry Fox
- Quellen vor Ort
- 4 Wash 3 Spirit
- k. A.
- keine Besuche

Verkostungsnotizen

ALTER: Ohne Altersangabe, 43 %

DUFT: Rauchiges Aroma mit einem Hauch Honig

GESCHMACK: Mittelschwerer Körper mit torfigem Geschmack, einer Spur Süße und langem Abgang

Glenfarclas

SPEYSIDE

J. AND G. GRANT, GLENFARCLAS DISTILLERY, BALLINDALLOCH,
BANFFSHIRE AB37 9BD
TEL: 0044–1807 500245 FAX: 0044–1807 500234

Glenfarclas erhielt ihre Konzession 1836, kurz bevor Königin Victoria den Thron bestieg. Die Brennerei ist auf der Rechlerich Farm, die sich an den Fuß des Berges Ben Rinnes schmiegt, eingerichtet. Im Jahr 1865 fiel der Pachtvertrag an John Grant, und das Unternehmen etablierte sich rasch als beliebte Zwischenstation für Viehtreiber auf dem Weg zum Markt: Tiere wie auch Menschen nutzten gerne die Gelegenheit für eine Erfrischung.

Brennerei-Angaben

🍂	1836
🜍	J. und G. Grant
	J. Miller
〰	Quelle am Ben Rinnes
🜊	3 Wash 3 Spirit
🛢	Spanische Eiche
ℹ	Das ganze Jahr über Mo.–Fr. 9.00–16.30 Juni–Sep. auch Sa. 10.00–16.00

Glenfarclas ist nach wie vor im Besitz der Familie Grant. Viele der ursprünglichen Brennerei-Gebäude wurden modernisiert, und die Zahl der Brennblasen wurde 1960 von zwei auf vier und 1976 noch einmal auf sechs erhöht. Die Brennerei hat die größten Brennblasen und den größten Maischebottich in Speyside.

Glenfarclas Single Malts sind in einer großen Auswahl zwischen 10 und 30 Jahre alt erhältlich. Sie bewegen sich farblich von mattem Kupfer bis zu glühendem Bernstein und rangieren bei Whisky-Kennern in der Liste ihrer Lieblings-Malts oft sehr weit oben.

Alter und Auszeichnungen
Abfüllungen nach 10, 12, 15, 17, 21, 25 und 30 Jahren mit 40 % in der Brennerei; Glenfarclas 105 in Faßstärke (60 %)
1996 Gewinner der
Wine & Spirit International Trophy
(Bester Highland Single Malt Whisky – Glenfarclas, 30 Jahre alt)

Verkostungsnotizen

ALTER: Glenfarclas 105, 60% (Faßstärke, ohne Altersangabe, aber in der Brennerei wird kein Malt unter einem Alter von 10 Jahren abgefüllt); der einzige ohne weiteres erhältliche Malt in dieser Stärke; er hat eine warme, goldene Farbe

DUFT: Ein sehr stechender Malt mit rundem, ausgereiftem Aroma

GESCHMACK: Ein voller, süßer Geschmack auf der Zunge mit Spuren von Karamel und köstlichem Nachgeschmack – kein Malt für Ängstliche

ALTER: 25 Jahre, 43%

DUFT: Ein warmes, charaktervolles, vielversprechendes Aroma

GESCHMACK: Die Reife dieses Single Malts offenbart sich unmittelbar; viele Geschmacksnoten entfalten sich im Mund; langer, etwas trockener Abgang mit eichenen Beinoten; ein herausragender Malt

Glenfiddich

SPEYSIDE

WILLIAM GRANT & SONS LTD, THE GLENFIDDICH DISTILLERY,
DUFFTOWN, KEITH, BANFFSHIRE AB55 4DH
TEL: 0044–1340 820373 FAX: 0044–1340 820805

William Grant, Gründer von William Grant & Sons, war entschlossen, den »besten Schluck im Tal« zu brennen. Glenfiddich wurde 1886 von Grant und seiner Familie (sieben Söhne und zwei Töchter) erbaut, und am ersten Weihnachtstag 1887 floß der erste Malt aus den Brennblasen. Die Brennerei ist noch im Besitz von Grants direkten Nachkommen, die wie ehedem fest entschlossen sind, ihre Selbständigkeit zu wahren und den besten Whisky zu brennen. In der Herstellung folgt man hier althergebrachten Methoden: So unterhält die Brennerei ihre eigene Böttcherei mit neun Böttchern, die die Fässer reparieren und anfertigen. Der modernste Bereich der Brennerei ist die vollautomatisierte Abfüllanlage, die pro Jahr insgesamt 850 000 Kisten Glenfiddich herstellt.

Brennerei-Angaben

- 1886
- William Grant & Sons Ltd.
- W. White
- Robbie Dubh
- 5 Wash 8 Spirit – (ungewöhnlich klein)
- Eiche (von amerikanischem Bourbon oder spanischem Sherry)
- Das ganze Jahr über werktags 9.30–16.30 (außer Weihnachten); Ostern–Mitte Okt. auch Sa. 9.30–16.30 und So. 12.00–16.30; Gruppen von 12 oder mehr Personen bitte vorher anrufen

Der Glenfiddich Malt wird ohne Altersangabe hergestellt, ist aber mindestens acht Jahre alt. Seinen gleichbleibenden Charakter verdankt er der drei- bis sechsmonatigen »Vermählung« in großen hölzernen »Hochzeits-Fässern«.

Glenfiddich unternahm 1963 den außergewöhnlichen Schritt, seinen Whisky in Großbritannien und in Übersee als Single Malt zu vertreiben. Von anderen Brennern wurde dies anfangs mit Skepsis betrachtet, aber dank der Voraussicht der Grant-Familie wurde so ein Markt für Single Malts ins Leben gerufen.

Der Single Malt Glenfiddich Special Old Reserve (40 %) wird in eine leicht wiedererkennbare, dreiwandige grüne Flasche abgefüllt und ist von blaßgoldener Farbe.

Verkostungsnotizen

ALTER: Ohne Altersangabe, 40 %

DUFT: Ein feines, frisches Aroma mit einem Hauch Torf

GESCHMACK: Zunächst leicht und etwas trocken, dann entwickelt sich ein voller Geschmack mit subtilen, süßen Anklängen. Ein guter Allround-Malt für den ganzen Tag

Das Single-Malt-Whisky-Verzeichnis

Alter und Auszeichnungen
Glenfiddich Special Old Reserve (40 %)
wird ohne Altersangabe abgefüllt
(mindestens 8 Jahre)
Glenfiddich Special Reserve (Verschnitt
acht- bis zwölfjähriger Fässer)
Glenfiddich Excellence (18 Jahre)
Glenfiddich Cask Strength (15 Jahre)
1996 MPMA Gold Award für die
Glenfiddich Miniature Clan Tins

Glen Garioch

HIGHLANDS

OLD MELDRUM, INVERURIE, ABERDEENSHIRE AB51 0ES
TEL: 0044–1651 872706 FAX: 0044–1651 872578

Aus Urkunden geht hervor, daß Glen Garioch 1798 von Thomas Simpson gegründet wurde. Angeblich soll Simpson bereits 1785 Spirituosen hergestellt haben, man weiß aber nicht, wo. Das Garioch- (oder Geerie-)Tal ist ein fruchtbarer Landstrich in Aberdeenshire und war mit seinem verfügbaren Gerstenbestand der ideale Ort für den Bau einer Brennerei. Vor ihrer Schließung im Jahr 1968 wechselte die Brennerei diverse Male den Besitzer. Stanley P. Morrison (Agencies) Ltd. erwarb sie 1970 und erhöhte die Zahl der Brennblasen.

Beim Destillationsvorgang in Glen Garioch spielten die Malztennen eine wichtige Rolle, und mit der überschüssigen Wärme heizte man Gewächshäuser. Die Brennerei wurde 1995 »eingemottet«.

Glen Garioch ist in unterschiedlichen Altersstufen erhältlich und variiert von blaßgold bis kupferfarben mit goldenen Einschlag.

Brennerei-Angaben

- 1798
- Morrison-Bowmore Distillery Ltd.
- Ian Fyfe
- Quellen am Percock Hill
- 2 Wash 2 Spirit
- ehemalige Bourbon- und Sherry-Fässer; Alkoholgehalt variiert je nach Alter
- keine Besuche

Das Single-Malt-Whisky-Verzeichnis

Alter und Auszeichnungen
Ohne Altersangabe sowie im Alter von 15 und 21 Jahren abgefüllt

Verkostungsnotizen

ALTER: Ohne Altersangabe, 40 %
DUFT: Ein weicher Hauch von Torf und Orangenblüten
GESCHMACK: Erste Geschmacksnoten im Mund torfig; dann Anklänge an Früchte und Honig; langer, rauher Abgang

ALTER: 15 Jahre, 43 %
DUFT: Ein warmes, fruchtiges Aroma mit Spuren von Eiche
GESCHMACK: Ein warmer, glühender Whisky mit Zitrusfrüchten, Rauch. Langer, milder Abgang

ALTER: 21 Jahre, 43 %
DUFT: Honig und Torf mit einem leichten Hauch Schokolade
GESCHMACK: Voller Körper, etwas süßer, mit einer Spur Rauch und einem warmen, milden Abgang; ein guter Digestif

Glengoyne

HIGHLANDS

GLENGOYNE DISTILLERY, DUMGOYNE, STIRLINGSHIRE G63 9LB
TEL: 0044-1360 550229 FAX: 0044-1360 550094

George Donnel pachtete die Burnfoot-Brennerei, der 1833 eine Konzession erteilt wurde. Von 1851 bis 1867 gehörte sie John McLelland und wurde danach von Archibald C. McLellan übernommen, der sie 1876 an die Lang Brothers verkaufte. Sie benannten die Brennerei in Glen Guin um und änderten ihren Namen 1905 wiederum in Glengoyne. 1965 wurde Glengoyne Teil von Robertson & Baxter; im Jahr darauf baute man die Brennerei um, wobei eine Brennblase hinzugefügt wurde, so daß es nun insgesamt drei waren. Glengoyne liegt am West Highland Way, weshalb die Brennerei sich als Zwischenstation für Wanderer anbietet, die auf dem Weg von Fort William nach Glasgow sind.

Brennerei-Angaben

- 1833
- Lang Brothers Ltd.
- Ian Taylor
- Ein Bach aus den Campsie Hills
- 1 Wash 2 Spirit
- Sherry, Whisky
- Mo.–Sa. 10.00–16.00, So. 12.00–16.00; von der schottischen Tourismusbehörde empfohlen

Glengoyne ist ein blasser, weißweinfarbener Malt aus ungetorfter Gerste.

Alter und Auszeichnungen
Glengoyne, 10, 12 und 17 Jahre, 40 %
Jahrgangsabfüllungen
12 Jahre, 43 % (Export)

Verkostungsnotizen
ALTER: 10 Jahre, 40 %
DUFT: Ein eindeutiges, sonniges, blumiges Aroma
GESCHMACK: Malt mit mittelschwerem Körper, Spuren von Honig und leichtem Fruchtton; guter Allround-Malt

Glen Grant

SPEYSIDE

GLEN GRANT DISTILLERY, ROTHES, MORAYSHIRE AB38 7BS
TEL: 0044–1542 783318 FAX: 0044–1542 783306

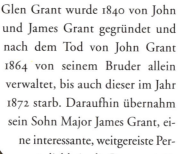

Glen Grant wurde 1840 von John und James Grant gegründet und nach dem Tod von John Grant 1864 von seinem Bruder allein verwaltet, bis auch dieser im Jahr 1872 starb. Daraufhin übernahm sein Sohn Major James Grant, eine interessante, weitgereiste Persönlichkeit, die Brennerei. Er leitete Glen Grant fast 60 Jahre lang. Während dieser Zeit legte er einen schönen Garten mit einem Wasserfall, Teichen, mit Rhododendron bewachsenen Böschungen und ausgedehnten Obstgärten an. 1931 erbte Grants Enkel Douglas Mackessack Glen Grant und machte sie zu der international berühmten Marke, die sie heute ist. Armando Giovinetti besuchte Douglas 1961 und nahm 50 Fässer des fünfjährigen Glen Grant mit nach Mailand. Heute ist Glen Grant in Italien die Whiskymarke Nummer Eins.

Brennerei-Angaben

- 1840
- The Seagram Co. Ltd.
- Willie Mearns
- The Caperdonich Well
- 4 Wash 4 Spirit
- k. A.
- Mitte März bis Ende Okt.:
  Mo.–Sa. 10.00–16.00,
  So. 11.30–16.00:
  Juni bis Ende Sep.:
  Mo.–Sa. 10.00–17.00
  So. 11.30–17.00

Das Single-Malt-Whisky-Verzeichnis

Alter und Auszeichnungen
Ohne Altersangabe mit 40 % in Großbritannien, als fünfjährige Version auf dem Exportmarkt

Verkostungsnotizen
ALTER: Ohne Angabe, 40 %
DUFT: Trocken, etwas scharf
GESCHMACK: Leicht, trocken; schwacher Fruchtton im Abgang

Glen Keith

SPEYSIDE

GLEN KEITH DISTILLERY, STATION ROAD, KEITH,
BANFFSHIRE AB55 3BU
TEL: 0044–1542 783042 FAX: 0044–1542 783056

Glen Keith, eine der ersten im 20. Jahrhundert neu eröffneten Brennereien, wurde 1958 auf dem Gelände einer Getreidemühle erbaut. Die Brennerei ist ein reizvolles, aus Steinen der Umgebung errichtetes Gebäude und liegt in der Nähe der Milton Castle-Ruinen und einem schönen Wasserfall, dem Linn of Keith. Ursprünglich besaß Glen Keith drei Brennblasen für die Dreifach-Destillation, und 1970 wurde hier die erste gasbefeuerte Brennblase Schottlands eingebaut.

Glen Keith wird in hochwertigen Whisky-Verschnitten wie Passport verwendet. Besucher von Glen Keith können dort ein Videoband sehen, das die Geschichte dieses Verschnittes erzählt. Glen Keith wird von Seagrams als Teil ihres »Heritage-Selection«-Sortiments vertrieben.

Brennerei-Angaben

- 1958
- The Seagram Co. Ltd.
- Norman Green
- Balloch-Hill-Quellen
- 3 Wash 3 Spirit
- k. A.
- Bitte telefonisch einen Termin vereinbaren.

Verkostungsnotizen

ALTER: 1983, 43 %
DUFT: Warm, duftig, mit einem Hauch Eiche und Torf
GESCHMACK: Feiner Malt mit Früchten und einer Spur Karamel; langer Abgang

Glenkinchie

LOWLANDS

GLENKINCHIE DISTILLERY, PENTCAITLAND, EAST LOTHIAN EH34 5ET
TEL: 0044–1875 340333 FAX: 0044–1875 340854

John und George Rate betrieben von 1825 bis 1833 eine Brennerei unter dem Namen Milton und gründeten sie 1837 als Glenkinchie-Brennerei neu. 1853 stellten sie die Produktion ein, und das Gelände wurde für eine Weile als Sägewerk genutzt, bis die Brennerei 1880 wieder instandgesetzt und 1890 die Glenkinchie Distillery Co. Ltd. gegründet wurde, die das Unternehmen bis 1914 in Betrieb hielt. In diesem Jahr wurde es ein Teil der Scottish Malt Distillers Ltd.

Glenkinchie mälzt seit 1968 keine Gerste mehr. Ein Großteil der Ausstattung von Glenkinchie und anderen Brennereien der Gruppe wurde ausrangiert, um damit das Museum für Malt-Whisky-Herstellung im Inneren der ehemaligen Mälzerei-Anlagen einzurichten.

Die Glenkinchie-Brennerei liegt inmitten gepflegter Anlagen und ist das ganze Jahr über für Besucher geöffnet.

Glenkinchie ist ein blasser Malt.

Brennerei-Angaben

- 1837
- United Distillers
- Brian Bisset
- Lammermuir Hills
- 1 Wash 1 Spirit
- k.A.
- Mo.–Fr. 9.30–16.00; Museum für Malt-Whisky-Herstellung

Alter und Auszeichnungen

Glenkinchie, 10 Jahre (43 %) wird als Teil des »Classic-Malt«-Sortiments von United Distillers abgefüllt.

Verkostungsnotizen

ALTER: 10 Jahre, 43 %
DUFT: Orangenblüten und Honig
GESCHMACK: Ein sanfter, leichter Malt mit abgerundetem Geschmack, einer Spur Süße, Rauch und langem Abgang; ein Malt für jede Tageszeit

The Glenlivet

SPEYSIDE

The Glenlivet Distillery, Ballindalloch,
Banffshire AB37 9DB
tel: 0044–1542 783220

The Glenlivet war die erste Brennerei, die nach der Gesetzgebung von 1823 eine Konzession erwarb; das neue Gesetz sollte der legalen Brennerei wirtschaftlich Vorschub leisten. The Glenlivet wurde 1824 von George Smith auf der Upper Drumin Farm gegründet, da der Grundbesitzer, der Duke of Gordon, in der Brennerei eine Beschäftigungsquelle für die ganze Gegend sah. Zunächst mußte sich Smith gegen seine Nachbarn wehren – illegale Whisky-Bren-

Brennerei-Angaben

- 1824
- The Seagram Co. Ltd
- Jim Cryle
- Josie's Well
- 4 Wash 4 Spirit
- k. A.
- Mitte März–Okt.: Mo.–Sa. 10.00–16.00, So. 12.30–16.00, Juli–Aug.: Mo.–So. 10.00–18.00; Eintrittsgebühr

ner, die versuchten, die Destillerie niederzubrennen. Mit Hilfe eines Paars Stecher-Pistolen gelang es ihm jedoch, sie dazu zu bewegen, ihn in Ruhe zu lassen. Heute werden diese Pistolen im Glenlivet Reception Center stolz ausgestellt. 1858 schaltete sich auch Georges Sohn John ein, und gemeinsam bauten sie eine neue Brennerei auf der Minmorea Farm. The Glenlivet blieb bis zum Tod von Captain Bill Smith 1975 im Besitz der Familie. 1977 wurde das Unternehmen von Seagram Co. Ltd. gekauft.

Viele Brennereien tragen den Namen »Glenlivet«, aber nur diese darf sich »The Glenlivet« nennen.

Alter und Auszeichnungen

The Glenlivet (12, 18 und 21 Jahre); achtzehnjährig, in Großbritannien nur 1000 Flaschen erhältlich
1995 IWSC-Preis für den besten Single Malt Scotch Whisky mit über 12 Jahren Reifung (The Glenlivet, 18 Jahre)

Verkostungsnotizen

ALTER: 12 Jahre, 40 %
DUFT: Duftig mit einem Hauch Frucht
GESCHMACK: Mittelschwerer Körper, süßer, leichter Sherrygeschmack und langer Abgang

ALTER: 18 Jahre, 43 %
DUFT: Ein vielschichtiges Aroma mit Karamel und Torf
GESCHMACK: Herrliche Geschmacksfülle, aber trocken, mit Früchten und Torf; würziger, süßer Abgang; ein ausgezeichneter, seltener Malt

Glenlossie

SPEYSIDE

GLENLOSSIE DISTILLERY, ELGIN, MORAYSHIRE IV30 3SS
TEL: 0044–1343 860331 FAX: 0044–1343 860302

Glenlossie liegt in der Nähe von Elgin, einer Stadt, deren Name fast gleichbedeutend mit Whisky ist, und in der Nachbarschaft von Mannochmore. Die Brennerei wurde 1876 von John Duff zusammen mit John Hopkins gegründet. Als letzterer 1888 ausstieg, wurde ein neues Unternehmen gegründet, die Glenlossie-Glenlivet-Brennerei, die 1919 von den Scottish Malt Distillers übernommen wurde. 1962 wurde die Zahl der Brennblasen von vier auf sechs erhöht. Zwischen *lyne arm* und Kühler sind Filter angebracht, die diesem leichten, frischen Malt mit seiner hellen, zitronen-goldenen Farbe eine besondere Note verleihen.

Brennerei-Angaben

- 1876
- United Distillers
- Harry Fox
- The Bardon Burn
- 3 Wash 3 Spirit
- k.A.
- keine Besuche

Alter und Auszeichnungen
Glenlossie, 10 Jahre, 43 %

Verkostungsnotizen

ALTER: 10 Jahre, 43 %

DUFT: Ein leichtes, frisches Aroma mit einem wunderbaren Hauch Honig und Gewürz

GESCHMACK: Sanft, mit Honig, Rauch und ein wenig Eiche

SPEYSIDE
SINGLE MALT *SCOTCH WHISKY*

The three *spirit stills* at the

GLENLOSSIE

distillery have *purifiers* installed between the *lyne arm* and the condenser. This has a bearing on the *character* of the *single MALT SCOTCH WHISKY* produced which has a *fresh, grassy* aroma and a *smooth,* lingering flavour. Built in 1876 by *John Duff,* the *distillery* lies four miles *south* of ELGIN in *Morayshire.*

AGED **10** YEARS

43% vol   70cl

Glenmorangie

HIGHLANDS

GLENMORANGIE DISTILLERY, TAIN, ROSS-SHIRE IV19 1PZ
TEL: 0044–1862 892043 FAX: 0044–1862 893862

Die erste Konzession für die Brennerei in Tain ging im Jahr 1843 an William Mathieson, den ersten Alkohol brannte man hier, in den Gebäuden einer von McKenzie & Gallie geführte Brauerei, 1849. Die ersten Verkäufe von Glenmorangie wurden 1880 in Übersee getätigt, ehe das Unternehmen 1887 zur Glenmorangie Distillery Co. Ltd. umstrukturiert und 1920 von Macdonald und Muir gekauft wurde. Im Jahr 1979 baute man die Brennerei um und erhöhte die Zahl der Brennblasen von zwei auf vier.

Anläßlich der Feierlichkeiten zum achtzigsten Geburtstag des ehemaligen britischen Premierministers Sir Edward Heath präsentierte Glenmorangie 1996 die neue »Wood Finish Range« (ein Sortiment von Whiskys, die in unterschiedlichen Fässern voll ausgereift sind. Diese ganz besonderen Whiskys erinnern daran, daß Macdonald und

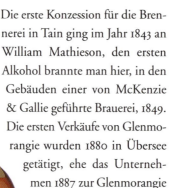

Brennerei-Angaben

- 1843
- Glenmorangie Plc.
- Bill Lumsden
- Tarlogie Springs
- 4 Wash 4 Spirit
- alte Madeira-, Port- oder Sherry-Fässer
- Apr.–Okt.: Mo.–Fr. 10:00–16:00 (Rundgänge 10.30 und 14.30); Nov.–März: Mo.–Fr. 14.00–18.00 (Rundgänge um 14.30 oder nach Vereinbarung, Tel. 01862–892477; Eintrittsgebühr

Muir bis in die sechziger Jahre mit Sherry, Portwein, Madeira und rotem Bordeaux handelten. Es lohnt sich, diese Malts zu suchen.

Farblich variieren sie von honig- über bernstein-golden bis hin zu schönem Kupferrot mit Rosen- und Goldtönen.

Verkostungsnotizen

ALTER: Madeira Wood Finish, 12 Jahre, 43 %
DUFT: Frisch, süß, leicht nach Nuß und nach Zitrusfrüchten
GESCHMACK: Würzig, Spuren von Zitrusfrüchten und Honig; trockener Abgang

ALTER: Port Wood Finish, 12 Jahre, 43 %
DUFT: Warm, Karamel, aber frisch
GESCHMACK: Voll und weich, Spur Zitrusfrüchte und Gewürze

ALTER: Sherry Wood Finish, 12 Jahre, 43 %
DUFT: Sherry mit Malz und Honig
GESCHMACK: Voller Körper mit Sherry und Gewürzen; langer, aromatischer Abgang

Glen Moray

SPEYSIDE

GLEN MORAY DISTILLERY, ELGIN, MORAYSHIRE IV30 IYE
TEL: 0044–1343 542577 FAX: 0044–1343 546195

Glen Moray liegt im Zentrum einer der besten Akkerbau-Gegenden Schottlands. Die Brennerei war anfangs eine Brauerei und wurde 1897 von der Glen Moray Glenlivet Distillery Co. Ltd. umgestellt. Das Gelände von Glen Moray ist mit einem denkwürdigen Teil schottischer Geschichte verbunden: Hier wurden bis ins 17. Jahrhundert Exekutionen durchgeführt.

1910 schloß die Brennerei und wurde von ihren Besitzern, Macdonald and Muir Ltd., 1923 wiedereröffnet. Glen Moray vermittelt ein Gefühl der Zeitlosigkeit, und die Brennerei, deren Gebäude um einen Hof herum errichtet sind, erinnert noch immer an eine Highland-Farm.

Brennerei-Angaben

- 1897
- Glenmorangie Plc.
- Edwin Dodson
- River Lossie
- 2 Wash 2 Spirit
- k.A.
- Termin bitte telefonisch vereinbaren.

Das Single-Malt-Whisky-Verzeichnis

Verkostungsnotizen

ALTER: Glen Moray, 12 Jahre, 40 %
DUFT: Fein, ein Hauch Sommer
GESCHMACK: Mittelschwerer Körper, eine Spur Torf und ein warmer, leicht süßlicher Abgang; ein guter Digestif

Alter und Auszeichnungen

Glen Moray, 12 Jahre, 40 % im blauen Zylinder
Glen Moray, 16 Jahre, in der »Black-Watch-Highland Regiment«-Metallbüchse

Glen Ord

HIGHLANDS

GLEN ORD DISTILLERY, MUIR OF ORD, ROSS-SHIRE IV6 7UJ
TEL: 0044–1463 870421 FAX: 0044–1463 870101

Die Ord-Brennerei wurde 1838 von Robert Johnstone und Donald McLennan in einer Gegend gegründet, die bereits für die Whisky-Herstellung berühmt war. Es gab dort neun weitere kleine Brennereien, die alle eine Konzession besaßen. Ord wurde 1860 von Alexander McLennan erworben, der aber 1871 Konkurs anmelden mußte. Bis 1887 war die Brennerei auf seine Witwe überschrieben, die schließlich Alexander McKenzie heiratete, der das Geschäft auch leitete. Dann kauften James Watson & Co. aus Dundee die Brennerei, und Glen Ord wurde 1925 Teil der Distillers Company.

Die traditionelle Mälzerei wurde 1961 stillgelegt, und man führte ein Saladin-Kasten-System ein. Ein großer Teil der Brennerei wurde 1966 umgebaut.

Brennerei-Angaben

- 1838
- United Distillers
- Kenny Gray
- Loch Nan Eun und Nan Bonnach
- 3 Wash 3 Spirit
- k.A.
- Mo.–Fr. 9.30–16.30

Das Single-Malt-Whisky-Verzeichnis

Alter und Auszeichnungen
Glen Ord, 12 Jahre, 40 %
ASVA Commended Exhibition
IWSC Bester Single Malt
unter 15 Jahren
Monde Selection: Grand Gold Medal

Verkostungsnotizen
ALTER: 12 Jahre, 40 %
DUFT: Voller Körper, warm, würzig
GESCHMACK: Aromatisch, mit Karamel, Muskatnuß und langem, sanften Abgang; probieren Sie Glen Ord im Cocktail.

Glenrothes

SPEYSIDE

GLENROTHES DISTILLERY, ROTHES, MORAYSHIRE AB38 7AA
TEL: 0044-1340 872300 FAX: 0044-1340 872172

Die Glenrothes-Brennerei wurde im Jahr 1878 von W. Grant & Co. dicht am Burn of Rothes, der die Mannoch Hills hinabfließt, erbaut; am 28. Dezember 1879 wurde die Produktion aufgenommen. 1887 fusionierten die Glenrothes-Brennerei und die Islay Distillery Company (Besitzer der Bunnahabhain-Brennerei) und gründeten die Highland Distillers Co. Ltd. Das Wasser liefert ein Brunnen namens Lady's Well; Berichten zufolge soll hier im 14. Jahrhundert die Tochter eines Earl of Rothes vom »Wolf von Babenoch« ermordet worden sein, als sie versuchte, ihrem Geliebten das Leben zu retten.

Um den gestiegenen Bedarf zu decken, wurde die Brennerei 1896 erweitert. 1922 floß infolge eines Brandes in einem Lagerhaus Whisky in den Burn of Rothes. An diesem Gratis-Drink labten sich der Legende nach die Bevölkerung – und sogar einige Kühe. Die Zahl der Brennblasen wurde 1963 von vier auf sechs und 1980 noch einmal auf zehn erhöht.

Brennerei-Angaben

- 1878
- Highland Distilleries Co. Plc.
- A. B. Lawtie
- The Lady's Well
- 5 Wash 5 Spirit
- wiederverwendete Sherry- und Bourbonfässer
- nur auf Einladung

THE GLENROTHES
EST.ᴰ LIMITED RELEASE 1879
SINGLE SPEYSIDE MALT
Scotch Whisky

Die Jahrgangsabfüllungen bringen Berry Bros. & Rudd in London auf den Markt. Glen Rothes ist ein hochwertiger Single Malt und wird seit langem für Verschnitte verwendet. Farblich variiert er von blassem Gold über honig-golden bis zu einem satten Bernsteinton.

Alter und Auszeichnungen

Berry Bros. hat ein sehr gutes Sortiment aufgebaut und verkauft Glenrothes-Jahrgangsabfüllungen von 1972, 1979, 1982 und 1984. Der 1972er Jahrgang ist die limitierte Abfüllung eines Sherryfaß-Malt. Zur Zeit wird der 1979er Jahrgang nur in den USA verkauft. Neue Jahrgänge kamen 1997 ins Angebot; so ersetzt auf dem amerikanischen Markt der 1985er den 1984er und der 1982er den 1979er.

Verkostungsnotizen

ALTER: 1972, 43 %
DUFT: Volle Karamel-Note, würzig
GESCHMACK: Voller Körper, warme Eichen- und Honignoten; langer Abgang, vollmundig, süß

ALTER: 1979, 43 %
DUFT: Warmer Karamel, schwache Untertöne von Schokolade
GESCHMACK: Ein aromatischer Malt, mittelschwerer Körper, Spuren von Toffee und Orangen im Mund; langer Abgang mit Honig und Zitrusfrüchten

ALTER: 1982, 43 %
DUFT: Warmer Karamel-Duft
GESCHMACK: Voller Körper mit Toffee und Vanille; Abgang lang und aromatisch

ALTER: 1984, 43 %
DUFT: Feines Sherry-, Vanille- und Malz-Aroma
GESCHMACK: Sanfter, mittelschwerer Körper mit tropischen Frucht- und Malznoten; langer, sanfter Abgang; ein guter Digestif

Glentauchers

SPEYSIDE

GLENTAUCHERS DISTILLERY, MULBEN, KEITH AB55 6YL
TEL: 0044–1542 860272 FAX: 0044–1542 860327

Im Mai 1897 wurde der Grundstein für die Brennerei gelegt, und im Jahr darauf nahm die Glentauchers Distillery Co. die Produktion auf – eine Handelsgesellschaft mit drei Mitgliedern der Whisky-»Blender« W. P. Lowrie & Co. Ltd. sowie James Buchanan & Co. Ltd. 1965–66 wurde die Brennerei weitgehend umgebaut, wobei man die Zahl der Brennblasen von zwei auf sechs erhöhte.

Glentauchers wurde 1985 von United Distillers »eingemottet« und 1989 von Allied Distillers gekauft. Die Brennerei stellt in erster Linie Malts für Whisky-Verschnitte her, und nur ein kleiner Teil dieses schillernd-goldenen Single Malts ist bei Fachhändlern erhältlich.

Brennerei-Angaben

- 1897
- Allied Distillers Ltd.
- William G. Wright
- Ein Stausee, gespeist vom Rosarie Burn
- 3 Wash 3 Spirit
- v. a. wiederverwendete
- keine Besuche

Verkostungsnotizen

ALTER: 1979, 40 %
DUFT: Duftig, leicht, honigtönig
GESCHMACK: Leicht, mit weichem, trockenem Abgang

Glenturret

HIGHLANDS

GLENTURRET DISTILLERY, THE HOSH, CRIEFF, PERTHSHIRE PH7 4HA
TEL: 0044–1764 656565 FAX: 0044–1764 654366

Glenturret wurde 1775 erbaut und ist Schottlands älteste Malt-Whisky-Brennerei in der Highland-Region. Es ist oft schwierig, die Geschichte einer Brennerei zurückzuverfolgen; im Fall von Glenturret belegen Aufzeichnungen, daß es im 19. Jahrhundert zwei Brennereien mit diesem Namen in der Gegend gab. Wie auch immer, die Geschichte dieser Glenturret-Brennerei in der Nähe der Stadt Hosh ist gut dokumentiert, und um 1852 war sie die einzige dort. Glenturret ist eine der kleinsten Brennereien in Schottland und liegt in der Nähe des Turret Burn, der aus Loch Turret, einer kalten und klaren Quelle, entspringt. Heute ist sie eine Tochtergesellschaft der Highland Distilleries.

Alfred Barnard schrieb 1887, daß er »den 120 Fuß (ca. 36 m) hohen Schornstein, der in Verbindung mit den Brennblasen und Dampfkesseln gebraucht wurde, sehen konnte, sobald er ins Tal einbog«. Heute kommen jährlich ca. 190 000 Besucher zur Glenturret-Brennerei.

Brennerei-Angaben

- 1775
- The Highland Distilleries Co. Plc.
- Neil Cameron
- Loch Turret
- 1 Wash 1 Spirit
- Bourbon- und Sherry-Eiche
- Mo.–Sa. 9.30–16.30 Jan.–Feb.: Mo.–Fr. 11.30–14.30
- Tourismus-Direktor: Derek Brown

Verkostungsnotizen

ALTER: 12 Jahre, 40 %
DUFT: Aromatisch, ein Hauch von Sherry und Karamel
GESCHMACK: Voller Körper, herrlich wärmendes Aroma und ein langer, genußvoller Abgang

ALTER: 15 Jahre, 40 %
DUFT: Rauh, frisch und doch süß
GESCHMACK: Voll, Engelwurz, Gewürze; Abgang lang, fruchtig

Alter und Auszeichnungen
Glenturret, 12, 15, 18 und 21 Jahre;
von Zeit zu Zeit Spezialabfüllungen
Glenturret Malt Whisky Liqueur, 35 %
1974, 1981, 1991 IWSC Goldmedaille
Le Monde Selection (Brüssel)
Goldmedaille 1990, 1991, 1994
und viele andere Auszeichnungen

Highland Park

ORKNEY

HIGHLAND PARK DISTILLERY, HOLM ROAD, KIRKWALL,
ORKNEY KW15 1SU
TEL: 0044–1856 873107 FAX: 0044–1856 876091

Highland Park ist die nördlichste Brennerei Schottlands und liegt auf der Insel Orkney. Die Ursprünge dieser Brennerei sind eng mit dem Schmuggler Magnus Eunson verbunden; so erzählt man sich etwa die Geschichte, wie er den Steuereintreibern entkam (siehe S. 11). David Robertson gilt als Gründer der Brennerei, die an zwei Quellen mit kristallklarem Wasser liegt und mehrfach den Besitzer wechselte, bis Robert Borwick 1826 eine Malzscheune, Brennblasen und diverse Gebäude von Highland Park kaufte.

Seit dieser Zeit ist die Geschichte der Brennerei gut belegt. 1898 wurde die Zahl der Brennblasen von zwei auf vier erhöht. Die derzeitigen Besitzer, Highland Distilleries, erwarben die Brennerei 1935.

In der audiovisuellen Vorführung im Besucherzentrum von Highland Park hat man Bilder von Orkney

Brennerei-Angaben

- 1798
- Highland Distilleries Co. Ltd.
- James Robertson
- Quellen von Cattie Maggie's Teich
- 2 Wash 2 Spirit
- Mischung von Sherry-Eiche und Bourbon
- Apr.–Okt.:
  Mo.–Fr. 10.00–17.00
  Juli–Aug.:
  Mo–So. 12.00–17.00
  Nov., Dez., März:
  Mo.–Fr. 14.00, 15.30
  Geschlossen:
  25./26. Dez.,
  Jan. und Feb.

und der Whisky-Herstellung miteinander verbunden: Die eigenen Torfmoore von Highland Park, die Menhire von Maes Howe, die Malzböden und die Gewässer von Scapa Flow, die jetzt durch die im Zweiten Weltkrieg erstellte Churchill-Barriere gebändigt werden.

Highland Park Single Malt Whisky hat eine prächtige, tiefgoldene Farbe und ein Aroma, das seine Intensität dem Torfrauch in den eigenen Mälzereien und der salzhaltigen Luft verdankt.

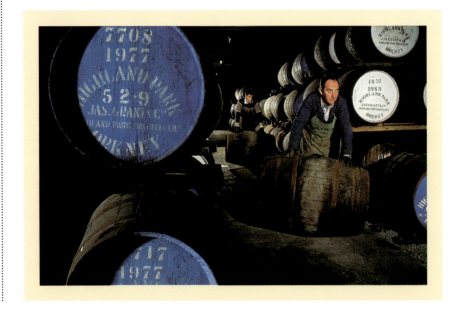

Das Single-Malt-Whisky-Verzeichnis

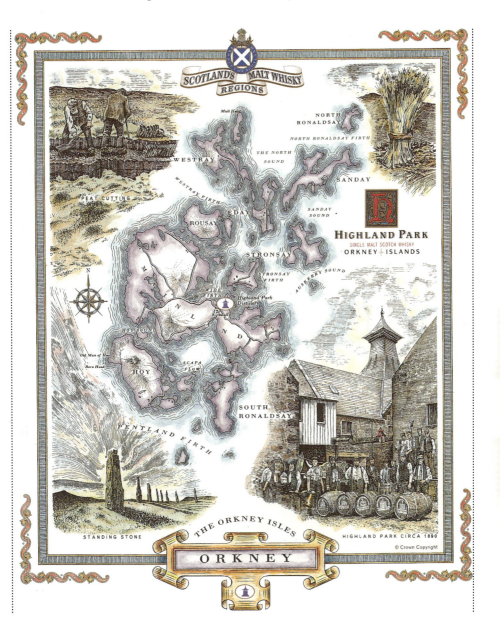

Das Single-Malt-Whisky-Verzeichnis

Alter, Abfüllungen, Preise
Highland Park, 12 Jahre, 40 %
von Highland Distilleries
8 Jahre, 40 %, 57 % und Faßstärke
(1984) von Gordon & MacPhail

Verkostungsnotizen

ALTER: 12 Jahre, 40 %

DUFT: Vielschichtig, rauchig, mit einem Hauch Honig

GESCHMACK: Herrlich abgerundet, mit heidekrautartigen, torfigen, warmen und nußartigen Anklängen; trockener, jedoch süßer Nachgeschmack; ein köstlicher Digestif

Imperial

SPEYSIDE

IMPERIAL DISTILLERY, CARRON BY ABERLOUR, BANFFSHIRE AB43 9QP
TEL: 0044–1340 810276 FAX: 0044–1340 810563

Die Imperial-Brennerei wurde 1897 von Thomas Mackenzie erbaut und 1898 auf Dailuaine Talisker Distilleries Ltd. übertragen. Sie besitzt ein Gelände am Ufer des River Spey, etwa drei Meilen südwestlich von Aberlour.

In den 60er Jahren wurde die Brennerei ausgebaut und arbeitete bis 1984 mit Saladin-Mälzern. Im Jahr 1985 wurde sie stillgelegt, ist aber seit 1989, nach der Übernahme durch Allied Distillers, wieder voll in Betrieb.

Imperial ist ein traditioneller Highland Malt, den Kenner und »Blender« gleichermaßen schätzen. Nur ein kleiner Teil der Produktion ist als Single Malt erhältlich.

Brennerei-Angaben

- 1897
- Allied Distillers Ltd.
- R. S. MacDonald
- The Ballintomb Burn
- 2 Wash 2 Spirit
- ehemalige Bourbon
- nach telefonischer Vereinbarung

Verkostungsnotizen

ALTER: 1979, 40 %

DUFT: Ein köstliches Aroma, Blumen und Rauch

GESCHMACK: Vorzüglich, süß und mild, ohne jede Schärfe; sanfter, köstlicher Nachgeschmack; nicht ohne weiteres erhältlich

Inchgower

SPEYSIDE

INCHGOWER DISTILLERY, BUCKIE, BANFFSHIRE AB56 2AB
TEL: 0044–1542 831161 FAX: 0044–1542 834531

Die Inchgower-Brennerei wurde 1871 von Alexander Wilson erbaut und trat an die Stelle der Tochineal-Brennerei, die 1824 ebenfalls von Wilson gegründet worden war; die Gebäude der Tochineal-Brennerei gibt es noch immer. Inchgower meldete 1930 Konkurs an, und 1936 erwarb der Gemeinderat von Buckie die Brennerei für $ 1600. Arthur Bell & Sons Ltd. kaufte Inchgower 1938 und erhöhte die Zahl der Brennblasen 1966 von zwei auf vier. Heute gehört Inchgower zur Distillers Company Ltd. Buckie liegt in der Nähe der Mündung des River Spey, daher auch der Austernfischer auf dem Etikett.

Brennerei-Angaben

- 1871
- United Distillers
- Douglas Cameron
- Quellen in den Menduff Hills
- 2 Wash 2 Spirit
- k. A.
- keine Besuche

Das Single-Malt-Whisky-Verzeichnis

Verkostungsnotizen
ALTER: 14 Jahre, 43 %
DUFT: Süß, mit einem Hauch Apfel
GESCHMACK: Würzig, mittelschwerer Körper; leichter, süßer Abgang

Alter und Auszeichnungen
Inchgower, 14 Jahre, 43 %

Inchmurrin

HIGHLANDS

LOCH LOMOND DISTILLERY, ALEXANDRIA, DUMBARTONSHIRE G83 0TL
TEL: 0044-1389 752781 FAX: 0044-1389 757977

Die Inchmurrin-Brennerei wurde 1966 von der Littlemill Distillery Co. Ltd. gegründet, einem Joint-Venture-Unternehmen von Duncan Thomas und Barton Brands aus den Vereinigten Staaten. Von Littlemill wurden zwei Sorten Single Malt hergestellt, Inchmurrin und Rosdhu. Barton Brands übernahm 1971 die Geschäftsführung und ließ Abfüll-Anlagen und Einrichtungen zum Verschneiden installieren. Zwar schloß die Brennerei 1984, eröffnete jedoch 1987 neu. Inchmurrin ist ein sehr blasser Single Malt.

Brennerei-Angaben

- 1966
- Loch Lomond Distillery Co. Ltd.
- J. Peterson
- Loch Lomond
- 2 Wash 2 Spirit
- k. A.
- keine Besuche

Verkostungsnotizen

ALTER: 10 Jahre, 40 %
DUFT: Malzig, würzig
GESCHMACK: Ein Malt mit leichtem Körper, einer Spur Zitrone und einem kurzen Abgang

Isle of Jura

JURA

Isle of Jura Distillery, Craighouse, Jura,
Argyllshire PA60 7XT
Tel: 0044–1496 820240 Fax: 0044–1496 820344

An der Westküste Schottlands, jenseits der Meerenge von Islay, sind die Gipfel der »Paps of Jura« eine Attraktion. Mit seinen etwa 200 Einwohnern ist Jura eine der am dünnsten besiedelten schottischen Inseln. Die Brennerei ist hier ein wichtiger Arbeitgeber.

Die isolierte Lage Juras begünstigte die Schwarzbrennerei, und wahrscheinlich wurde hier seit dem späten 16. Jahrhundert gebrannt, auch wenn die Gründung der Isle-of-Jura-Brennerei erst ins Jahr 1810 fällt. Nach mehreren Besitzerwechseln und Zeiten des Stillstands wurde die Brennerei 1876 und erneut in den sechziger Jahren umgebaut und gehört heute zu Whyte & Mackay.

Brennerei-Angaben

- 1810
- The Whyte & Mackay Group Plc.
- Willie Tait
- Market Loch
- 2 Wash 2 Spirit
- Amerikan. Weißeiche
- nach telefonischer Vereinbarung

Verkostungsnotizen

ALTER: 10 Jahre, 40 %
DUFT: Ein goldener Malt mit torfigem Aroma
GESCHMACK: Ein leichter Malt; eignet sich als Aperitif, ist dennoch voll im Geschmack; hat Beinoten von Honig und Rauch

Knockando

SPEYSIDE

KNOCKANDO DISTILLERY, KNOCKANDO, MORAYSHIRE AB38 7RT
TEL: 0044–1340 810205 FAX: 0044–1340 810369

Das gälische Wort *knockando* bedeutet »kleiner schwarzer Hügel«. Die 1898 erbaute Brennerei liegt am Ufer des River Spey. Sie wurde von der Knockando-Glenlivet Distillery Co. gegründet, 1900 auf J. Thomson & Co. übertragen und 1904 von W. A. Gilbey Ltd. erworben. Heute gehört sie zu den International Distillers & Vintners Ltd., und ein Großteil des hochwertigen Malts wird für den J-&-B-Verschnitt verwendet. Knockando ist ein kleines Dorf mit etwa 200 Einwohnern, und in vielen der Cottages lebten ursprünglich Brennerei-Arbeiter.

1905 bekam die Brennerei einen Bahnanschluß, so daß der Whisky in ganz Großbritannien zügiger ausgeliefert werden konnte. 1969 wurde sie umgebaut, und die Zahl der Brennblasen erhöhte sich von zwei auf vier. Knockando ist ein reiner, goldfarbener Single Malt. Auf den Flaschenetiketten ist sowohl das Jahr der Destillation als auch das der Abfüllung vermerkt.

Brennerei-Angaben

- 1898
- International Distillers & Vintners Ltd.
- Innes A. Shaw
- Cardnach Spring
- 2 Wash 2 Spirit
- ehemalige Bourbon- und Sherry-Fässer
- nach telefonischer Vereinbarung (01340–810205)

Alter, Abfüllungen, Preise

Knockando, mindestens 12 Jahre gereift

Knockando Special Selection,
wenigstens 15 Jahre gereift

Knockando Extra Old,
wenigstens 20 Jahre gereift

Verkostungsnotizen

ALTER: 1982 gebrannt,
1996 abgefüllt, 43 %

DUFT: Duftig, würzig

GESCHMACK: Ein sirupartiger Malt
mit Gewürz-, Vanille- und
Haselnußnoten

Lagavulin

ISLAY

Lagavulin Distillery, Port Ellen, Islay, Argyll PA42 7DZ
Tel: 0044–1496 302400 Fax: 0044–1496 302321

Ursprünglich gab es zwei Brennereien in Lagavulin. Die eine wurde 1816 von John Johnston erbaut, der die Whiskyherstellung bis 1833 betrieb. Die andere errichtete Archibald Campbell 1817. Als Campbell 1821 die Brennerei aufgab, wurde sie von Johnston übernommen. Es ist allerdings wie bei allen Islay-Brennereien wahrscheinlich, daß die illegale Whisky-Herstellung bereits viel früher begann. Der Whisky-Kenner Alfred Barnard schrieb, daß das Whisky-Brennen »die Hauptbeschäftigung der Kleinbauern und Fischer war, ganz besonders während des Winters. In jenen Tagen konnte jeder Schmuggler wenigstens zehn Schillinge pro Tag verdienen und ein Pferd und eine Kuh halten.«

Im Jahr 1837 war nur noch die Lagavulin-Brennerei im Besitz der Johnstons, die sie 1852 an John Graham verkauften. Nach mehreren Besitzerwechseln wurde Lagavulin Teil der Distillers Company.

Brennerei-Angaben

- 1816
- United Distillers
- Mike Nicolson
- Solum Lochs
- 2 Wash 2 Spirit
- k.A.
- nach Vereinbarung (01496–302250)

Das Single-Malt-Whisky-Verzeichnis

Alter und Auszeichnungen

Lagavulin, 16 Jahre, 45 % von United Distillers (Teil ihres Classic-Malt-Sortiments) 1995, 1996 IWSC Gold Award

Für den Transport verwendete Lagavulin kleine Küstenschiffe, sogenannte *Pibrochs*, die mit Gerste, Kohle und leeren Fässern aus Glasgow kamen und mit vollen Fässern wieder ablegten. Diese Schiffe fuhren bis in die frühen 70er Jahre, als auf Islay Autofähren eingeführt wurden.

Die Lagavulin-Brennerei liegt bei Port Ellen in der Nähe der Ruinen von Dunyveg Castle.

Verkostungsnotizen

ALTER: 16 Jahre, 43 %
DUFT: Sehr kräftiger, torfiger Duft
GESCHMACK: Voller Körper, stechender Torfton mit süßen Beinoten und einem langen Abgang;
ein idealer Digestif

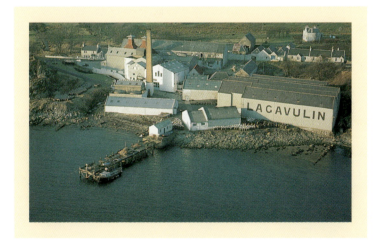

Laphroaig

ISLAY

Laphroaig Distillery, Port Ellen, Isle of Islay PA42 7DU
tel: 0044–1496 302418 fax: 0044–1496 302496

Die Laphroaig-Brennerei wurde 1815 von Alexander und Donald Johnston, die um 1810 als Landwirte in Laphroaig anfingen, gegründet. Die Brennerei blieb in Familienbesitz, bis Ian Hunter sie 1908 Bessie Williamson überließ. Sie war die erste Frau, die eine Malt-Whisky-Brennerei in Schottland selbständig leitete. Laphroaig-Whisky hat einen ganz charakteristischen Geschmack; in der Prohibitions-Zeit wurde er aufgrund seiner »medizinischen« Eigenschaften legal in die USA exportiert. Laphroaig gehört heute zu Allied Distillers.

Die dicht an der Meeresküste gelegene Brennerei hat einen idyllischen Standort, wo auch Otter und Schwäne zu Hause sind. Laphroaig ist einer der beliebtesten Single Malts. Zur Zeit wird den Käufern einer Flasche Laphroaig Single Malt das Angebot unterbreitet, ein kleines Stück des der Brennerei benachbarten Landes zu erwerben, und inzwischen gibt es schon Tausende von stolzen Miteigentümern.

Brennerei-Angaben

- 1815
- Allied Distillers Ltd.
- Iain Henderson
- Kilbride Dam
- 3 Wash 4 Spirit
- für Single Malt erstabgefüllte amerikanische Bourbon-Fässer
- telefonische Vereinbarung (01496–302418)

Das Single-Malt-Whisky-Verzeichnis

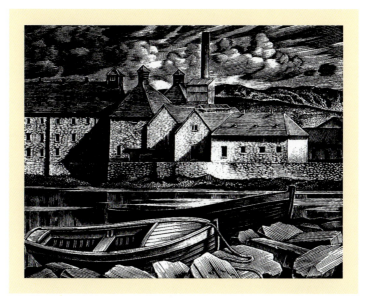

Laphroaig ist eine der wenigen Brennereien, die ihre Gerste selbst mälzen; sie wird in Malzdarren getrocknet, in denen man Torf verfeuert. Dieser Whisky ist ein kraftvoller, goldener Malt.

Verkostungsnotizen

ALTER: 10 Jahre, 40 %

DUFT: Sofort wiedererkennbar, voll, torfig, etwas medizinartig

GESCHMACK: Voller Körper, anfangs torfiger Geschmack, der eine Spur Süße entwickelt; ein langer, trockener, leicht salziger Abgang

Das Single-Malt-Whisky-Verzeichnis

Alter und Auszeichnungen
Laphroaig, 10 und 15 Jahre
Der 1976er Jahrgang umfaßt insgesamt 5400 Flaschen
Hoflieferant des Prince of Wales
1994 Queen's Award for Export Achievement
(Auszeichnung der Königin für Exportleistungen)
1993 IWSC Goldmedaille (10 Jahre)
1985 IWSC Goldmedaille (15 Jahre)

Linkwood

SPEYSIDE

LINKWOOD DISTILLERY, ELGIN, MORAYSHIRE IV30 3RD
TEL: 0044–1343 547004 FAX: 0044–1343 549449

Die Linkwood-Brennerei wurde 1825 von Peter Brown, einem Makler der Seafield Estates in Moray und Banffshire, gegründet. Sein Vater war ein Farmer in Linkwood; wahrscheinlich kam ein Großteil der verwendeten Gerste von seiner Farm, und die von der Brennerei erzeugten Abfälle dienten dort wiederum als Tierfutter. Peter Browns Sohn William baute die Brennerei 1872 um. 1897 wurde schließlich die Linkwood-Glenlivet Distillery Co. Ltd. gegründet, die später von den Scottish Malt Distillers erworben wurde. Die Zahl der Brennblasen in Linkwood erhöhte man 1971 von zwei auf sechs.

Brennerei-Angaben

- 1825
- United Distillers
- Ian Millar
- Quellen in der Nähe von Milbuies Loch
- 3 Wash 3 Spirit
- k. A.
- nach Vereinbarung

Alter und Auszeichnungen

Linkwood, 12 Jahre
Linkwood, 23 Jahre (1972 gebrannt),
58,4 % (limitierte Abfüllung,
United Distillers, Rare Malts Selection)

Verkostungsnotizen

ALTER: 23 Jahre (1972 gebrannt), 58,4 %

DUFT: Ein voller Körper mit Frucht und Karamel

GESCHMACK: Voller Körper, Honig, eine Spur Torf; ein langer, süßer Abgang

SPEYSIDE
SINGLE MALT
SCOTCH WHISKY

LINKWOOD

distillery stands on the *River Lossie*, close to *ELGIN* in *Speyside*. The *distillery* has retained its *traditional atmosphere* since its *establishment* in 1821. Great care has always been taken to *safeguard* the character of the *whisky* which has remained the same through the years. Linkwood is one of the FINEST Single Malt Scotch Whiskies available - *full bodied* with a *hint* of *sweetness* and a *slightly smoky aroma*.

YEARS 12 OLD

43% vol   Distilled & Bottled in SCOTLAND.
LINKWOOD DISTILLERY
Elgin, Moray, Scotland.   70 cl

Longmorn

SPEYSIDE

Longmorn Distillery, near Elgin, Morayshire IV30 3SJ
tel: 0044–1542 783400 fax: 0044–1542 783404

Die Longmorn-Brennerei wurde 1894 von Charles Shirres, George Thomson und John Duff erbaut. Ein großes Wasserrad diente der Energieerzeugung, und das erste Destillat wurde Dezember 1894 hergestellt. Im Jahr 1897 gründete man die Longmorn Distilleries Co., in deren Besitz Benriach sowie Longmorn waren. John Duff, der bis dahin alle Geschäftsanteile besaß, geriet jedoch in finanzielle Nöte, so daß Hill, Thomson & Co. Ltd. sowie der Geschäftsführer James Grant und seine Söhne die Brennerei weiterbetrieben. Die Grant-Familie behielt die Leitung bis 1970, als das Unternehmen mit den Glenlivet and Glen Grant Distillers Ltd. fusionierte und seine Bestände unter dem Namen The Glenlivet Distillers Ltd. verkaufte. 1978 wurde es von Seagram Co. Ltd. erworben.

Longmorn wird von Seagram im »Heritage-Selection«-Sortiment vertrieben und ist vielerorts erhältlich. Dieser Whisky ist ein goldener Single Malt mit einem Stich ins Kupferne.

Brennerei-Angaben

- 1894
- The Seagram Co. Ltd.
- Bob MacPherson
- Quellen vor Ort
- 4 Wash 4 Spirit
- k. A.
- nach Vereinbarung

Das Single-Malt-Whisky-Verzeichnis

Alter und Auszeichnungen
Longmorn, 15 Jahre, 43 %;
Teil der Heritage Selection
1994 IWSC Goldmedaille

Verkostungsnotizen
ALTER: 15 Jahre, 43 %
DUFT: Duftig, fein, leicht fruchtig
GESCHMACK: Voller Geschmack, mit Spuren von Frucht, Blumen und Haselnüssen und einem langen, süßen Abgang

The Macallan

SPEYSIDE

THE MACALLAN DISTILLERY, CRAIGELLACHIE, BANFFSHIRE AB38 9RX
TEL: 0044-1340 871471 FAX: 0044-1340 871212

Die Macallan-Brennerei wurde 1824 von Alexander Reid bei Easter Elchies am River Spey gegründet. Nach mehreren Besitzerwechseln erwarb 1892 Roderick Kemp das Unternehmen, der es in Macallan-Glenlivet umbenannte. Die Brennerei blieb bis 1996, als sie Teil des Geschäftsbereichs Malt Whisky der Highland Distillers wurde, im Besitz der Kemp-Familie.

Die Zahl der Brennblasen wurde 1965 von sechs auf zwölf, 1974 auf 18 und

Brennerei-Angaben

- 1824
- Highland Distilleries Company Plc.
- David Robertson
- The Ringorm Burn
- 7 Wash 14 Spirit
- eichene Sherryfässer; Alkoholgehalt variiert je nach Alter
- nach Vereinbarung

1975 schließlich auf 21 erhöht. Sie sind klein (die *spirit still* ist noch kleiner als die *wash still*) und entsprechen in Form und Größe den ersten Brennblasen. Macallan reift in alten, eichenen Sherry-Fässern, die dem Whisky eine besondere Geschmacksnote verleihen. The Macallan variiert farblich von blassestem Gold bis zu dunklem Bernstein.

Alter und Auszeichnungen
The Macallan, 7, 10, 12, 18 und 25 Jahre
60 Jahre (limitiert) mit handgemalten Etiketten von Valerio Adami
Spezialabfüllung für Italien (7 Jahre)
Distillers Choice für Japan
Zweimaliger Queen's Award for Exports (Exportauszeichnung der Königin)
1996 IWSC Goldmedaille

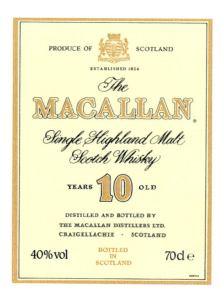

Verkostungsnotizen
ALTER: 10 Jahre, 40 %
DUFT: Leichter, duftiger Sherry
GESCHMACK: Voller Sherry-Körper mit Spuren von Vanille und Frucht; langer, sanfter, abgerundeter Abgang; guter Aperitif oder Digestif

Mannochmore

SPEYSIDE

MANNOCHMORE DISTILLERY, ELGIN, MORAYSHIRE IV30 3SS
TEL: 0044–1343 860331 FAX: 0044–1343 860302

Der 12 Jahre alte Mannochmore Single Malt trägt auf dem Etikett das Bild eines Tieres aus den Millbuies Woods, die gleich an die Brennerei grenzen: einen großen, gepunkteten Specht. Mannochmore wurde 1971 gegründet und neben der Glenlossie-Brennerei erbaut. 1985 wurde die Brennerei geschlossen, aber United Distillers eröffneten sie 1989 wieder. 1995 wurde Mannochmore erneut »eingemottet«, könnte aber jederzeit zum Leben erweckt werden.

Mannochmore ist ein schöner, blaßgoldener Malt.

Brennerei-Angaben

- 1971
- United Distillers
- Nicht in Betrieb
- The Bardon Burn
- 3 Wash 3 Spirit
- k. A.
- keine Besuche

Alter und Auszeichnungen
Mannochmore, 12 Jahre, 43 %

Verkostungsnotizen
ALTER: 12 Jahre, 43 %
DUFT: Fein, frisch, leicht torfig
GESCHMACK: Hochwertiger Malt, frischer Geschmack, anhaltender, leicht süßer Abgang

Miltonduff

SPEYSIDE

MILTONDUFF DISTILLERY, MILTONDUFF, ELGIN, MORAYSHIRE IV30 3TQ
TEL: 0044-1343 547433 FAX: 0044-1343 548802

Die Miltonduff-Brennerei liegt im Glen of Pluscarden auf dem Gelände der Pluscarden-Abtei am Ufer des Black Burn. Miltonduff war eine der ersten Brennereien, die 1824 eine Konzession erwarben. Es ist überliefert, daß es auf demselben Gelände über 50 illegale Brennereien gab und hier bis weit ins 19. Jahrhundert hinein geschmuggelt wurde. Das Glen of Pluscarden eignete sich ganz besonders zur illegalen Whisky-Brennerei, denn die Hügel um das Tal bilden ein Dreieck, was es den Schmugglern ermöglichte, sich mit einem Signalsystem zu verständigen. Um vor

Brennerei-Angaben

- 1824
- Allied Distillers Ltd.
- Stuart Pirie
- Black Burn
- 3 Wash 3 Spirit
- ehemalige Bourbon
- Mo.-Do.; nur nach Vereinbarung

herannahenden Beamten der Zoll- und Steuerbehörde zu warnen, hißte man auf einem der Hügel eine Fahne. Schließlich erfuhr jedoch ein gewissenhafter Steuereintreiber von dieser List und versteckte sich so lange, bis die Männer auf den Feldern waren. Dann erst ging er zu einem der Bauernhäuser, wo er die Farmersfrau antraf, die gerade dabei war, den Brennapparat zu demontieren. Offenbar war sie eine sehr kräftige Frau, denn man erzählt sich, er sei danach nie wieder gesehen worden!

Die Brennerei gehört heute zu Allied Distillers und ist deren größte Malt-Brennerei. Der Hauptteil ihrer Produktion wird in dem Whisky-Verschnitt Ballantine's verwendet.

In der Vergangenheit wurde in Miltonduff unter dem Namen Mosstowie auch ein stärkerer Malt hergestellt. Die Brennblasen dafür wurden allerdings 1981 entfernt. Vorräte des Mosstowie Single Malt sind jedoch bei den Spezialabfüllern Gordon & MacPhail erhältlich.

Das Single-Malt-Whisky-Verzeichnis

Alter und Auszeichnungen
Miltonduff, 12 Jahre, 43 %.
In anderen Altersstufen bei
Cadenheads in Edinburgh
erhältlich

Verkostungsnotizen
ALTER: 12 Jahre, 43 %
DUFT: Duftig
GESCHMACK: Mittelschwerer Körper und frischer Geschmack

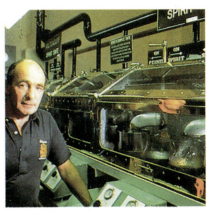

Miyagikyo

JAPAN

SENDAI MIYAGIKYO DISTILLERY, NIKKA 1-BANCHI, AOBA-KU,
SENDAI-SHI, MIYAGI-KEN 989034, JAPAN
TEL: 0081–22 395 2111 FAX: 0081–22 395 2861

Nikka Whisky Distilling Co. Ltd. hat eine faszinierende Geschichte. Masataka Taketsuru, Sohn des Besitzers einer Sake-Brennerei, kam 1918 an die Universität von Glasgow, um sich Kenntnisse über den Whisky anzueignen. Einige Jahre später kehrte er mit seiner schottischen Braut, Jessie Rita, nach Japan zurück. Vor dem Hintergrund seines neu erworbenen Wissens machte er sich daran, nach einem geeigneten Gelände für eine Whisky-Brennerei zu suchen. Die erste wurde 1934 in Yoichi auf der Insel Hokkaido, ganz im Norden Japans, errichtet. Sendai, die zweite Brennerei, erbaute Taketsuru 1969 im Norden der Hauptinsel. Sendai liegt, von Bergen umgeben, zwischen zwei Flüssen und produziert Miyagikyo, einen tief mahagonifarbenen Single Malt.

Brennerei-Angaben

- 1969
- Nikka Whisky Distilling Co. Ltd.
- Yoshitomo Shibata
- Quellen vor Ort
- 4 Wash 4 Spirit
- Sherry und Bourbon; wiederverwendete und neue
- das ganze Jahr über; Restaurant und Läden

Das Single-Malt-Whisky-Verzeichnis

Alter und Auszeichnungen
Miyagikyo, 12 Jahre
ca. 10 000 Flaschen pro Jahr;
nur für den Verkauf im Inland

Verkostungsnotizen

ALTER: 12 Jahre
DUFT: Warm, Sherry
GESCHMACK: Leicht, mit Sherry, Malz und Vanille; rauher Abgang

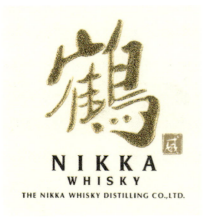

Mortlach

SPEYSIDE

Mortlach Distillery, Dufftown, Keith, Banffshire AB55 4AQ
tel: 0044-1340 820318 fax: 0044-1340 820019

Brennerei-Angaben

- 1824
- United Distillers
- Steve McGringle
- Quellen in den Conval Hills
- 3 Wash 3 Spirit
- k. A.
- keine Besuche

Die Mortlach-Brennerei wurde 1824 von James Findlater, Donald Mackintosh und Alexander Gordon gegründet. Ursprünglich war sie eine Farm, so daß die überschüssige Gerste an die Tiere verfüttert werden konnte. Im Jahr 1832 erwarben A. & T. Gregory die Brennerei, die sie dann an J. & J. Grant von der Glen-Grant-Brennerei verkauften. Die Brennerei wurde demontiert und erst 1842, als John Gordon sie instand setzte, wieder in Betrieb genommen. 1854 trat George Cowie dem Unternehmen bei, und die Brennerei blieb bis 1897, als John Walker & Sons Ltd. Mortlach kaufte, im Besitz seiner Familie. Im Jahr 1924 wurde sie schließlich Teil der Distillers Company und 1963 vollständig umgebaut.

Das Single-Malt-Whisky-Verzeichnis

Alter und Auszeichnungen
Mortlach, 16 Jahre, 43 %

Verkostungsnotizen

ALTER: 16 Jahre, 43 %

DUFT: Fruchtig, warm, mit einem Hauch Torf

GESCHMACK: Voll, mit Karamel und Gewürz; langer, sherry- und honigtöniger Abgang

Oban

HIGHLANDS

Oban Distillery, Stafford Street, Oban, Argyll PA34 5NH
tel: 0044–1631 562110   fax: 0044–1631 563344

Die Malts der Oban-Brennerei gehören zum »Classic-Malt«-Sortiment von United Distillers. Oban wurde 1794 von den Stevensons gegründet, ortsansässigen Geschäftsleuten mit Beteiligungen an Steinbrüchen sowie am Häuser- und Schiffsbau.

Die Brennerei blieb bis 1866, als sie der ortsansässige Kaufmann Peter Cumstie kaufte, in Familienbesitz. Walter Higgin erwarb Oban 1883 und baute die Brennerei um; 1898 verkaufte er sie an die Oban and Aultmore-Glenlivet Distilleries Ltd. Direktoren waren unter anderem Alexander Edward (der Besitzer von Aultmore) und Greig und Gillespie von den Whisky-»Blendern« Wright & Greig.

Die Gebäude in Oban sind in den vergangenen knapp 100 Jahren fast unverändert geblieben und schmiegen sich an Felsen, die sich 122 m hoch über der Brennerei erheben.

Brennerei-Angaben

- 1794
- United Distillers
- Ian Williams
- Loch Gleann a'Bhearraidh
- 1 Wash 1 Spirit
- k. A.
- das ganze Jahr über, Mo.–Fr. 9.30–17.00, Ostern bis Okt.: auch Sa.

Das Single-Malt-Whisky-Verzeichnis

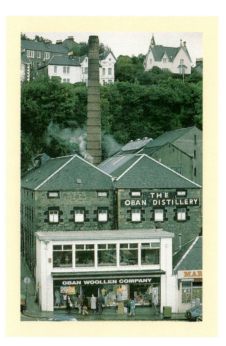

Alter und Auszeichnungen
Oban, 14 Jahre, 43 %

Verkostungsnotizen
ALTER: 14 Jahre, 43 %
DUFT: Leicht, mit einem Hauch Torf
GESCHMACK: Mittelschwerer Körper, eine Spur Rauch; langer, lohnender Abgang

Old Fettercairn

HIGHLANDS

FETTERCAIRN, DISTILLERY ROAD, LAURENCEKIRK,
KINCARDINESHIRE AB30 1YE
TEL: 0044–1561 340244   FAX: 0044–1561 340447

Zwar soll es der Legende nach in der Gegend eine ältere Brennerei gegeben haben – einige Kilometer weiter in den Grampian Mountains –, aber dafür gibt es keinen schriftlichen Beweis. Aus Aufzeichnungen geht jedoch hervor, daß Old Fettercairn 1824 von Sir Alexander Ramsay auf dem Gelände am Fuß der Hügel erbaut wurde. Das Gebäude war ursprünglich eine Getreidemühle, die 1887 durch einen Brand zerstört, kurz danach aber wieder aufgebaut wurde. 1966 wurde die Brennerei erweitert, wobei man die Zahl der Brennblasen von zwei auf vier erhöhte. Nach mehreren Besitzerwechseln wurde Old Fettercairn 1971 von der Tomintoul Glenlivet Distillery Co. Ltd. übernommen und gehört heute zur Whyte & Mackay Group Plc.

Old Fettercairn ist ein schöner, goldener Single Malt Whisky mit einem Stich ins Kupferne.

Brennerei-Angaben

- 1824
- The Whyte & Mackay Group Plc.
- B. Kenny
- Quellen in den Grampian Mountains
- 2 Wash 2 Spirit
- Amerikanische Weißeiche, Oloroso-Sherry
- Mo.–Sa. 10.00–16.30 Gruppen bitte unter 01561–340205 anmelden

Das Single-Malt-Whisky-Verzeichnis

Alter und Auszeichnungen
Old Fettercairn 10 Jahre, 43 %

Verkostungsnotizen

ALTER: 10 Jahre, 43 %

DUFT: Fein, frisch, ein Hauch Rauch

GESCHMACK: Guter Einstiegs-Malt mit vollem Geschmack, Beinoten von Torf und einem trockenen Abgang

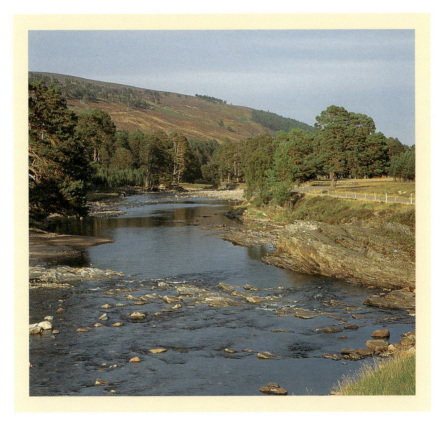

Rosebank

LOWLANDS

ROSEBANK DISTILLERY, CAMELON, FALKIRK,
STIRLINGSHIRE FK1 5BW
TEL: 0044-1324 623325

Obwohl es von der noch heute bestehenden Rosebank-Brennerei hieß, sie sei 1840 von James Rankine in den Mälzereien der Camelon-Brennerei erbaut worden, geht aus Aufzeichnungen hervor, daß es bereits 1817 eine andere Brennerei dieses Namens gab. Die heutige Brennerei wurde 1864 umgebaut und 1894 in Rosebank umbenannt. Sie hat eine *wash still* und zwei *spirit stills*, in denen der Malt dreifach gebrannt wird. 1993 wurde die Brennerei »eingemottet«.

Rosebank ist ein sommerlicher, goldener Malt.

Brennerei-Angaben

- 1840
- United Distillers
- nicht in Betrieb
- Carrow Valley-Reservoir
- 1 Wash 2 Spirit
- k. A.
- keine Besuche

Verkostungsnotizen

ALTER: 1984, 40 %
DUFT: Frisch, mit Rauch und Honig
GESCHMACK: Mittelschwerer Körper mit sanfter, etwas trockener Zitrusfruchtnote

Royal Brackla

HIGHLANDS

ROYAL BRACKLA DISTILLERY, CAWDOR, NAIRN,
NAIRNSHIRE IV12 5QY
TEL: 0044-1667 404280 FAX: 0044-1667 404743

Royal Brackla Single Malt Whisky wird von United Distillers als »The King's Own Whisky« (Des Königs Lieblings-Whisky) vertrieben, da die Brennerei 1833 als königlicher Hoflieferant von William IV. anerkannt wurde.

Brackla wurde 1812 von Captain William Fraser gegründet. Die Brennerei liegt in der Nähe von Cawdor Castle, der historischen Burg Macbeths. Robert Fraser übernahm die Brennerei 1852, und sie lief bis 1898 als Robert Fraser & Co. weiter. Im selben Jahr wurde das Unternehmen an John Mitchell und James Leict aus Aberdeen und später an John Bisset & Co. verkauft; diese wiederum veräußerten Royal Brackla 1943 an die Scottish Malt Distillers. Im Jahr 1965 wurde die Brennerei umgebaut und 1970 die Zahl der Brennblasen von zwei auf vier erhöht.

Royal Brackla ist ein hochwertiger, goldener Malt.

Brennerei-Angaben	
🗓	1812
🏭	United Distillers
✍	Chris Anderson
〰	The Cawdor Burn
⚗	2 Wash 2 Spirit
🛢	k. A.
ℹ	keine Besuche

Das Single-Malt-Whisky-Verzeichnis

Alter und Auszeichnungen
Royal Brackla, ohne Altersangabe, 40 %

Verkostungsnotizen
ALTER: Ohne Altersangabe, 40 %
DUFT: Torf, Honig und Gewürz
GESCHMACK: Mittelschwerer Körper, würzige Süße; klarer, leicht fruchtiger Abgang

Royal Lochnagar

HIGHLANDS

Royal Lochnagar, Crathie, Ballater, Aberdeenshire AB35 5TB
Tel: 0044–1339 742273 Fax: 0044–1339 742312

Wie bei vielen anderen Brennereien gab es auch zwei mit dem Namen Lochnagar. Die erste wurde 1826 erbaut und 1860 geschlossen. Der Farmer John Begg gründete 1845 die heutige Brennerei, die zunächst unter dem Namen New Lochnagar bekannt wurde. Sie liegt ganz in der Nähe von Balmoral im Landstrich Deeside und sieht auch heute noch wie eine Farm aus. John Begg lud 1848 Königin Victoria zu einem Besuch seiner Brennerei anläßlich der Verkostung seines ersten Whiskys ein.

Schon am folgenden Tag reiste die Königin mit Prinz Albert und ihrer ganzen Familie an, und so wurde Royal Lochnagar geboren. Die Nähe zum Königshaus besteht bis heute: 1996 besuchte Prinz Charles die Brennerei während eines Ausflugs.

Brennerei-Angaben

- 1845
- United Distillers
- Alastair Skakles
- Quellen vor Ort
- 1 Wash 1 Spirit
- k. A.
- Ostern–Okt.: Mo.–So. Nov.–Ostern: Mo.–Fr. (jeweils 10.00–17.00); mehrsprachige Ausstellung mit Restaurant

Das Single-Malt-Whisky-Verzeichnis

Verkostungsnotizen

ALTER: 12 Jahre, 40 %

DUFT: Warmes, würziges Aroma

GESCHMACK: Ein Whisky für Genießer, mit Früchten, Malz, einem Hauch Vanille, Eiche; süßer, langer Abgang

Alter und Auszeichnungen

Royal Lochnagar, 40 %; ohne Alter

Heute gehört Royal Lochnagar zu United Distillers. Die Brennerei spielt eine wichtige Rolle im Leben der Bewohner von Crathie, wobei Versammlungen und *ceilidhs* (traditionelle Zusammenkünfte mit Musik und Rezitationen) in Restaurants und umgebauten Scheunen abgehalten werden.

Die Angestellten der Brennerei haben außerdem ein mit Preisen ausgezeichnetes Naturreservat eingerichtet, und in Zusammenarbeit mit örtlichen Schulen wurden die lokale Flora und Fauna – einschließlich der Fledermaus-Population – katalogisiert.

Scapa

ORKNEY

Scapa Distillery, St Ola, Orkney KW15 1SE
Tel: 0044-1856 872071 Fax: 0044-1856 876585

Scapa auf der Insel Orkney ist eine der nördlichsten Brennereien von Schottland und liegt – mit Ausblick auf Scapa Flow – am Ufer des Lingro Burn. Sie wurde von J. T. Townsend auf dem Gelände einer ehemaligen Mühle errichtet. Die Scapa-Brennerei hatte mehrere Besitzer, ehe Hiram Walker von den Allied Distillers sie in den 50er Jahren von den Glasgower Bloch Bros. kaufte. 1959 wurde sie umgebaut und blieb bis zur Schließung 1993 in Betrieb.

Die Brennerei profitiert von der örtlichen Versorgung mit Kohle und klarem Wasser, das im Norden der Orquil Farm dem Boden entspringt.

Im Ersten Weltkrieg suchte die deutsche Flotte vor einer geplanten Offensive Zuflucht in Scapa Flow. Obwohl der Angriff nie stattfand, versenkte die deutsche Kriegsmarine vorsätzlich die eigene Flotte. Noch immer ragen Überreste der Schiffe aus den Fluten von Scapa Flow.

Allied Distillers Ltd. füllen einen neuen zwölfjährigen Scapa Single Malt ab. Andere Altersstufen können von Gordon & MacPhail bezogen werden.

Brennerei-Angaben

- 1885
- Allied Distillers Ltd.
- R. S. MacDonald
- Quellen
- 1 Wash 1 Spirit
- ehemalige Bourbon
- telefonische Terminvereinbarung

Alter und Auszeichnungen

Scapa, 12 Jahre, 40 % (Allied Distillers)
Scapa (1985),
erhältlich bei Gordon & MacPhail
1996 IWSC Goldmedaille

Verkostungsnotizen

ALTER: 12 Jahre, 40 %
DUFT: Die Insel Orkney in einer Flasche – Meer, Torf und Heidekraut
GESCHMACK: Eine Mischung aus Salz und Zitrusfrüchten mit einem lang anhaltenden, rauhen Abgang

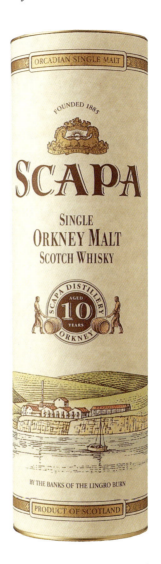

The Singleton

SPEYSIDE

SINGLETON AUCHROISK DISTILLERY, MULBEN, BANFFSHIRE AB55 3XS
TEL: 0044–1542 860333 FAX: 0044–1542 860265

Die Singleton-Brennerei gehört zu den Neulingen in der Whisky-Industrie. Sie wurde 1974 gegründet und vertrieb erstmals 1978 ihren Malt Whisky in Großbritannien. International Distillers & Vintners Ltd. eröffneten die Brennerei, die inzwischen von der Tochtergesellschaft Justerini & Brooks (Scotland) Ltd. verwaltet wird. Sie wurde in traditionellem Stil gebaut, und eine alte Dampfmaschine aus Strathmill nimmt in der Eingangshalle einen Ehrenplatz ein. Die Brennerei besitzt ein Lagerhaus für unterschiedliche Highland- und Speyside-Malts.

The Singleton wurde als Single Malt weltweit gelobt und ist in unterschiedlichen Altersstufen erhältlich. Die Farbe des zehnjährigen Singleton mit 43 % gleicht in ihrer Intensität der von Buchenlaub im Herbst.

Brennerei-Angaben

- 1974
- International Distillers & Vintners Ltd.
- Graeme Skinner
- Dorie's Well
- 4 Wash 4 Spirit
- ehemalige Bourbon- und Sherryfässer
- telefonische Anmeldung

Alter und Auszeichnungen

The Singleton, 10 Jahre, 43 %
The Singleton Particular, mindestens 12 Jahre gereift, nur in Japan erhältlich
Viele Preise, darunter:
1989 IWSC Best Malt Whisky (Bester Malt Whisky)
1992 und 1995 IWSC Gold-Medaille

Verkostungsnotizen

ALTER: 10 Jahre, 43 %
DUFT: Vollmundig, wärmend, mit Sherry-Noten
GESCHMACK: Auf der Zunge voll im Geschmack, mit Spuren von Mandarine und Honig; im Mund köstlich sanft; ein warmer, langer Abgang; als Digestif zu empfehlen.

Speyburn

SPEYSIDE

SPEYBURN DISTILLERY, ROTHES, ABERLOUR, MORAYSHIRE AB38 7AG
TEL: 0044-1340 831231   FAX: 0044-1340 831678

Die Speyburn-Brennerei wurde 1897 von John Hopkins & Co. gegründet und liegt an einem malerischen Ort, an die Hügel des Spey-Tals geschmiegt. Der Überlieferung zufolge begann man hier bereits Whisky zu brennen, ehe die Bauarbeiten abgeschlossen waren, und es soll so kalt gewesen sein, daß die Angestellten in ihren Mänteln arbeiten mußten.

Die Direktoren bemühten sich, ihre ersten Abfüllungen am diamantenen Kronjubiläum Königin Victorias am 1. November 1897 vorzunehmen, aber nur ein Stückfaß wurde in diesem Jahr unter Zollverschluß gelegt. Speyburn verwendete als

Brennerei-Angaben

- 1897
- Inver House Distillers Ltd.
- S. Robertson
- The Granty (bzw. Birchfield) Burn, ein Nebenfluß des River Spey
- 1 Wash 1 Spirit
- Eiche
- keine Besuche

Alter und Auszeichnungen
Speyburn, 10 Jahre, 40% von Inver House
The Wine Enthusiast (USA):
Goldmedaille und »Best Buy«
(Verkaufsschlager)

Verkostungsnotizen
ALTER: 10 Jahre, 40 %
DUFT: Aroma trocken, süß duftend
GESCHMACK: Ein warmer, aromatischer Malt mit Spuren von Honig und kräuternotigem Abgang; ein Malt, den man als Digestif genießen sollte.

eine der ersten Brennereien pneumatische Trommelmälzer.

Im Jahr 1916 erwarb die Distillers Company Ltd., dann 1992 Inver House Distillers Ltd. Speyburn. Der Whisky hat eine blaßgoldene Farbe und wird von Inver House als Zehnjähriger abgefüllt.

Springbank

CAMPBELTOWN

J. & A. Mitchell & Co. Ltd, Springbank Distillery,
Campbeltown, Argyll PA28 6EJ
tel: 0044–1586 552085   fax: 0044–1586 553215

Die Springbank-Brennerei wurde 1828 in Campbeltown auf der Halbinsel Mull of Kintyre von den Brüdern Archibald und Hugh Mitchell auf dem Gelände der Schwarzbrennerei ihres Vaters erbaut. Die Mitchells hatten zu diesem Zeitpunkt wohl bereits seit 100 Jahren Whisky gebrannt. 1872 besaßen sie vier Brennereien in der Gegend; im Verlauf der Jahre stieg der Bedarf an Campbeltown-Whisky, da er eine konstante Qualität aufwies und auch von »Blendern« geschätzt wurde. Kohlenbestände vor Ort, mit denen die Brennblasen befeuert werden konnten, begünstigten den Bau von immer mehr Brennereien. Aber leider begannen die Brennmeister – von einigen Ausnahmen abgesehen –, den Brennvorgang zu verkürzen, und als der Kohlevorrat knapp wurde, verschlechterte sich die Qualität. In den zwanziger Jahren

Brennerei-Angaben

- 1828
- J & A Mitchell & Co. Ltd.
- Frank McHardy
- Crosshill Loch
- 2 Wash 2 Spirit
- Whisky, Bourbon und Sherry
- Juni–Sep. werktags 14.00 (nur nach Vereinbarung)

begannen die »Blender« schließlich, sich andernorts nach guten Malts umzusehen. Der von den Mitchells produzierte Single Malt Whisky konnte seinen hohen Standard – und seinen guten Ruf – trotz allem beibehalten. Der derzeitige Generaldirektor von Springbank ist ein direkter Nachfahre Archibald Mitchells.

Die Herstellung von Single Malts erfolgt in Springbank vollkommen autark. Jeder Arbeitsschritt, vom Mälzen der Gerste bis hin zur Flaschenabfüllung, wird auf dem Gelände getätigt. Springbank ist eine der beiden Brennereien, die direkt an der Quelle abfüllen (die andere ist Glenfiddich). Das Ergebnis all dieser Sorgfalt ist ein hoch gepriesener Malt mit rundem Geschmack und vielschichtigem Aroma.

Das Erbe von Longrow ist ebenso alt wie das von Springbank; ein hochwertiger Malt dieses Namens wurde 1824 hergestellt, aber die gleich neben Springbank gelegene Brennerei wurde 1896 geschlossen. Das Rezept für diesen torfigen Malt verblieb jedoch in der Familie, und 1973 wurde nach dem alten Rezept in Springbank ein Destillat hergestellt, das man bei Fachhändlern finden kann. Von Zeit zu Zeit werden neue Whiskys hergestellt, von denen, wie uns gesagt wurde, 1997 ein zehnjähriger erhältlich sein soll.

Alter und Auszeichnungen

Springbank, 12, 15, 21, 25 und 30 Jahre
Der 1919er Springbank
(1970 abgefüllt) ist ein ganz
besonderer, 50 Jahre alter Single Malt

Verkostungsnotizen

ALTER: 15 Jahre, 46 %

DUFT: Frisch, vielschichtig, ein Hauch Torf

GESCHMACK: Mittelschwerer Körper; süß, dann See- und Eichennoten; langer, sanfter Abgang

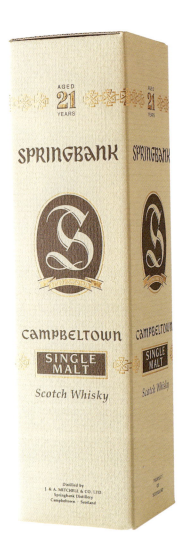

Strathisla

SPEYSIDE

STRATHISLA DISTILLERY, SEAFIELD AVENUE, KEITH,
BANFFSHIRE AB55 3BS
TEL: 0044–1542 783042

Strathisla wurde 1786 als Milltown-Brennerei von George Taylor und Alexander Milne gegründet. Zu dieser Zeit war die Stadt Keith für ihr Leinen berühmt. Die Brennerei wurde von mehreren Geschäftsleuten des Ortes geleitet und 1830 von William Longmore, einem ortsansässigen Kaufmann mit hohem gesellschaftlichem Ansehen, erworben. Als er 1882 starb, wurde die William Longmore & Co. Ltd. gegründet und der Name in Strathisla geändert. Es folgten größere Bauarbeiten, darunter der Einbau eines Wasserrades, um die Maschinen anzutreiben, und ein Umbau der Malzdarre. 1946 wurde Longmore unter der Leitung des Londoner Finanziers George Pomeroy zum Privatunternehmen. Als der

Brennerei-Angaben

- 1786
- The Seagram Co. Ltd
- Norman Green
- Fons Bulliens' Well
- 2 Wash 2 Spirit
- k. A.
- Feb. bis Mitte März und Nov.:
  Mo.–Fr. 9.30–16.00
  Mitte März bis Ende Okt.: Mo.–Sa.
  9.30–16.00 sowie
  So. 12.30–16.00
  4£ Eintritt (inklusive ein Gutschein im Wert von 2£, den man im Laden einlösen kann); Kaffee und Gebäck frei

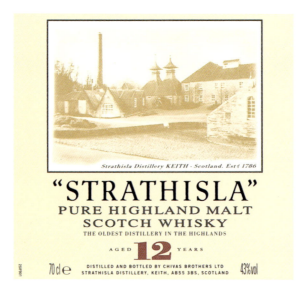

jedoch der Steuerhinterziehung für schuldig befunden wurde, schloß man das Unternehmen 1949. Im Jahr 1950 wurde es an die Chivas-Brüder verkauft.

Strathisla ist einer der wichtigsten Malts im Chivas Regal, dem weltweit meistverkauften Scotch. Strathisla wird von Seagrams im Rahmen der »Heritage Selection« vertrieben.

Er ist ein warmer, goldener Single Malt mit kupfernem Einschlag.

Alter und Auszeichnungen

Strathisla, 12 Jahre, 43 % in einer charakteristischen, flachen Flasche

Verkostungsnotizen

ALTER: 12 Jahre, 43 %
DUFT: Ein wunderbares Aroma voll Früchte und Blumen
GESCHMACK: Leicht, süß mit einer Spur Torf und Karamel; langer, sanfter und fruchtiger Abgang

Talisker

ISLE OF SKYE

TALISKER DISTILLERY, CARBOST, SKYE IV47 8SR
TEL: 0044–1478 640203   FAX: 0044–1478 640401

Talisker ist die einzige Brennerei auf der Isle of Skye und wurde 1830 von Hugh und Kenneth MacAskill am Ufer von Loch Harport erbaut. Die MacAskills besaßen bereits einen gewissen Ruf auf der Insel – hauptsächlich den, Gutspächter von ihrem Land zu vertreiben, um dort selbst Cheviot-Schafe zu züchten. Sie hatten auch Land ringsherum auf der Minginish-Halbinsel erworben. Hierzu gehört Talisker House, das in einem geschützten Tal an der Westküste der Insel liegt.

Die Brennerei in Talisker hat eine bewegte Geschichte und ging durch viele Hände, bis sie 1925 Teil der Distillers Company Ltd. wurde. Talisker wird von United Distillers in ihrem Classic-Malt-Sortiment vertrieben.

Brennerei-Angaben

- 1830
- United Distillers
- Mike Copland
- Cnoc-nan-Speireag
- 2 Wash 2 Spirit
- k. A.
- April–Okt.: Mo.–Fr. 9.00–16.30 (Juli–Aug. auch Sa.); Nov.–März: Mo.–Fr. 14.00–16.30; größere Gruppen bitte vorab telefonisch anmelden

Das Single-Malt-Whisky-Verzeichnis

Alter und Auszeichnungen
Talisker, 10 Jahre

Verkostungsnotizen

ALTER: 10 Jahre

DUFT: Voll, süß und doch torfig

GESCHMACK: Gut abgerundet, voll im Geschmack mit Torf und Honig; langer Abgang; ein guter Allround-Malt; als Aperitif geeignet

Tamdhu

SPEYSIDE

Tamdhu Distillery, Knockando, Aberlour AB38 7RP
Tel: 0044-1340 870221   Fax: 0044-1340 810255

In den frühen 90er Jahren des 19. Jahrhunderts nahm die Beliebtheit von Whisky-Verschnitten zu. Die neue Strathspey-Eisenbahn ermöglichte zudem einen leichteren Zugang zum Oberlauf des Flusses Spey, einer Gegend, die bereits für ihre qualitativ hochwertigen Malts berühmt war. Daher sahen sich Geschäftsleute ermutigt, in neue Brennereien zu investieren. Einer davon war William Grant, ein Direktor von Highland Distilleries, der Tamdhu 1896 erbaute. Die Brennerei war zu seiner Zeit mit ihren Getreidehebern und automatischen Rangierloks auf dem neuesten Stand der Technik.

Wie viele andere Brennereien litt Tamdhu während der Kriegsjahre und der Wirtschaftskrise und mußte bis nach dem Zweiten Weltkrieg schließen, konnte aber wiedereröffnet werden. Bis 1972 stieg der Bedarf, und die Zahl der Brennblasen wurde von zwei auf vier erhöht; im Jahr 1975 kamen zwei weitere dazu. Tamdhu (gälisch für »kleiner, dunkler Hügel«) wurde 1976 als Single Malt auf den Markt gebracht.

Brennerei-Angaben

- 1896
- Highland Distilleries Co. Ltd.
- W. Crilly
- private Quellen
- 3 Wash 3 Spirit
- Sherry- und wiederverwendete Fässer
- keine Besuche

Alter und Auszeichnungen
Tamdhu wird ohne Altersangabe von Highland Distilleries abgefüllt

Verkostungsnotizen
ALTER: Ohne Altersangabe, 40 %
DUFT: Ein leichtes, warmes Aroma mit einem Hauch Honig
GESCHMACK: Mittelschwer, frisch am Gaumen, mit Anklängen an Apfel- und Birnbäume sowie einem langen, milden Abgang; ein Whisky, der zu jeder Zeit schmeckt

Tamdhu ist die einzige Brennerei in Speyside, die ihre eigene Gerste vor Ort mälzt. Der Single Malt gleicht farblich blaß-bernsteinfarbenem Herbstlaub und schmeckt frisch und aromatisch, nach sommerlichen Obstgärten und Blumen.

Teaninch

HIGHLANDS

Teaninch Distillery, Alness, Ross-shire IV17 0XB
Tel: 0044–1349 882461   Fax: 0044–1349 883864

Teaninch liegt am River Alness, nicht weit vom Meeresarm Cromarty Firth. Die Brennerei wurde 1817 von Captain Hugh Munro, dem Besitzer des Teaninch-Gutes, erbaut. Anfangs gestaltete es sich schwierig, den Bedarf an Gerste zu decken, da der überwiegende Teil des Getreides an Schwarzbrenner verkauft wurde. Bis in die 30er Jahre des 19. Jahrhunderts hinein war die Produktion um das Dreißigfache gestiegen. Lieutenant General John Munro übernahm die Brennerei, aber da er die meiste Zeit in Indien verbrachte, gab er 1850 Robert Pattison einen Pachtvertrag. 1869 wurde John McGilchrist Ross Pächter, gab aber 1895 auf. Die Brennerei wurde 1898 von Munro & Cameron aus Elgin übernommen, unverzüglich renoviert und erweitert. Innes Cameron, der auch an Benrinnes, Linkwood und Tamdhu beteiligt war, wurde 1904 ihr Alleinbesitzer. Ein Jahr nach seinem Tod, 1933, verkauften seine Treuhänder Teaninch an die Scottish Malt Distillers Ltd.

Brennerei-Angaben

- 1817
- United Distillers
- Angus Paul
- The Dairywell Spring
- 3 Wash 3 Spirit
- k. A.
- keine Besuche

Das Single-Malt-Whisky-Verzeichnis

Alter und Auszeichnungen
Teaninch, 10 Jahre
Teaninch, 23 Jahre (1972 gebrannt),
64,95 %; limitierte Abfüllung
(United Distillers, Rare Malts Selection)

Verkostungsnotizen
ALTER: 23 Jahre (1972 gebrannt), 64,95 %
DUFT: Leicht, torfig
GESCHMACK: Rauch und Eiche mit einem langen, milden Abgang

Tobermory

ISLE OF MULL

TOBERMORY DISTILLERY, TOBERMORY, ISLE OF MULL,
ARGYLLSHIRE PA75 6NR
TEL: 0044–1688 302645   FAX: 0044–1688 302643

Tobermory im südlichen Bereich des berühmten Hafens der Hebrideninsel Mull ist einer der schönsten Brennerei-Standorte überhaupt. Sie ist die einzige Brennerei auf Mull und wurde 1795 von dem ortsansässigen Kaufmann John Sinclair gegründet. 1823 war sie vollständig betriebsbereit. Erst 1930 »mottete« man sie ein. 1972 wurde die Brennerei als Ledaig Distillery (Tobermory) Ltd. wiedereröffnet. Das Unternehmen meldete 1975 Konkurs an und wurde 1978 von der Kirkleavington Property Co. aus Cleckheaton (Yorkshire) erworben. 1989 schloß die Brennerei ein weiteres Mal, wurde aber vier Jahre später von den Burn Stewart Distillers gekauft.

Brennerei-Angaben

- 1795
- Burn Stewart Distillers Plc.
- Ian MacMillan Asst. Alan MacConochie
- privater See
- 2 Wash 2 Spirit
- wiederverwendete
- Apr.–Sep.: Mo.–Fr. 10.00–16.00

Tobermory ist ein blasser, strohfarbener Malt in einer charakteristischen grünen Flasche mit weißer Aufschrift. Er wird aus ungetorfter Gerste hergestellt. Einige ältere Abfüllungen von Tobermory tragen auch den Namen Ledaig. Allerdings sollen in Zu-

kunft unter diesem Namen nur noch Single Malts abgefüllt werden, die unter Verwendung von getorfter Gerste hergestellt wurden.

Ledaig ist ein warmer, goldfarbener Malt.

Alter und Auszeichnungen
Tobermory, ohne Altersangabe, 40 %
Ledaig, 1974er Jahrgangsabfüllung, 43 %
Ledaig, 1975er Jahrgangsabfüllung, 43 %

Verkostungsnotizen

ALTER: Tobermory, ohne Altersangabe, 40 %

DUFT: Die Insel in der Flasche; leichtes, weiches, heidekrauttöniges Aroma

GESCHMACK: Leichter Medium-Malt mit Honig- und Kräuterbeinoten; Abgang weich, rauchig

ALTER: Ledaig, 1974, 43 %

DUFT: Ein voller Körper mit kräftigem, torfigem Aroma

GESCHMACK: Sehr aromatisch im Mund, mit Torf und einer Spur Sherry; ein langer, milder Abgang

Tomatin

HIGHLANDS

Tomatin Distillery, Tomatin, Inverness-shire IV13 7YT
Tel: 0044–1808 511444 Fax: 0044–1808 511373

Die Tomatin-Brennerei wurde 1897 gegründet. 1956 erhöhte man die Zahl der Brennblasen von zwei auf vier, und seither wurden in regelmäßigen Abständen weitere Brennblasen hinzugefügt, bis es 1974 insgesamt 23 waren. Tomatin gehört zu den größten Brennereien in Schottland und ist eine Tochtergesellschaft von Takara Shuzo & Okura aus Japan; sie war die erste schottische Brennerei, die von einem japanischen Unternehmen übernommen wurde.

Brennerei-Angaben

- 1897
- Takara Shuzo & Okura & Co. Ltd
- T. R. McCulloch
- Allt na Frithe Burn
- 12 Wash 11 Spirit
- k. A.
- Mai-Okt.: Mo.-Fr. 9.00–16.30 Sa. 9.30–13.00; größere Gruppen im Dez. und Jan. bitte telefonisch anmelden.

Das Single-Malt-Whisky-Verzeichnis

Alter und Auszeichnungen
Tomatin, 10 Jahre, 40 %
Limitierte Abfüllung, 25 Jahre
Exportversionen, 10 und 12 Jahre

Verkostungsnotizen
ALTER: 10 Jahre, 40 %
DUFT: Ein feines Aroma mit einem Hauch Honig und Rauch
GESCHMACK: Leicht und sanft, mit einer Spur Torf

Tomintoul

SPEYSIDE

TOMINTOUL, BALLINDALLOCH, BANFFSHIRE AB37 9AQ
TEL: 0044-1807 590274   FAX: 0044-1807 590342

Tomintoul ist eine moderne Brennerei und wurde 1964 erbaut. Das Dorf Tomintoul liegt 335 m hoch und ist damit das am zweithöchsten gelegene Schottlands. Einst war Tomintoul für illegale Whisky-Brennerei bekannt.

Tomintoul wurde von dem Unternehmen Hay & Macleod Ltd. and W. & S. Strong Ltd. (Whisky-Broker aus Glasgow) gegründet. 1973 erwarb sie der Scottish & Universal Investment Trust, und heute gehört sie zum Malt-Whisky-Geschäftsbereich der Whyte & Mackay Group. Die Zahl der Brennblasen wurde 1974 von zwei auf vier erhöht.

Tomintoul hat eine warme, goldene Farbe mit kupfernem Einschlag.

Brennerei-Angaben

- 1964
- The Whyte & Mackay Group Plc.
- R. Fleming
- Ballantruan Spring
- 2 Wash 2 Spirit
- k.A.
- keine Besuche

Das Single-Malt-Whisky-Verzeichnis

Alter und Auszeichnungen
Tomintoul, 12 Jahre
Tomintoul, 10 Jahre, 40 % (in GB)

Verkostungsnotizen
ALTER: 10 Jahre, 40 %
DUFT: Leicht, Sherrynote
GESCHMACK: Süß auf der Zunge mit rauchigen Beinoten

The Tormore

SPEYSIDE

ALLIED DISTILLERS LTD, TORMORE DISTILLERY, ADVIE,
GRANTOWN-N-SPEY, MORAY PH26 3LR
TEL: 0044–1807 510244   FAX: 0044–1807 510352

Tormore war die erste Brennerei, die im 20. Jahrhundert in Schottland neu erbaut wurde. Sie ist ein von Alfred Richardson entworfenes architektonisches Glanzstück; die Gebäude sind um einen rechteckigen Platz mit Glockenturm errichtet. Tormore liegt im Herzen des Landes und hat wegen seiner schönen Parkanlagen mit Ziersee und Springbrunnen, die vor der Kulisse kiefernbedeckter Hügel liegen, einen besonderen Reiz. Die Brennerei befindet sich südlich der A 95 zwischen Grantown-on-Spey und

Brennerei-Angaben

- 1959
- Allied Distillers Ltd.
- John Black
- The Achvochkie Burn
- 4 Wash 4 Spirit
- k.A.
- Bitte telefonisch einen Termin vereinbaren.

Alter und Auszeichnungen

Normalerweise als 10jähriger abgefüllt und in Großbritannien erhältlich; andere Altersstufen und Spezialabfüllungen bei Gordon & MacPhail

Aberlour. Sie wurde für die Long John Group gebaut und gehört nun zu Allied Distillers. Die Zahl der Brennblasen wurde 1972 von vier auf acht erhöht.

Tormore ist ein goldfarbener Malt mit gut abgerundetem Geschmack und als Digestif zu empfehlen.

Verkostungsnotizen

ALTER: 10 Jahre, 40 %

DUFT: Ein trockenes Aroma mit leicht nußartigem Anklang

GESCHMACK: Weich auf der Zunge, ein wohldefinierter Medium-Malt mit einer Spur Honig

Tullibardine

HIGHLANDS

TULLIBARDINE DISTILLERY, BLACKFORD, PERTHSHIRE PH4 1QG
TEL: 0044-1764 682252

Es gibt Urkunden, die belegen, daß schon 1798 eine Tullibardine-Brennerei in Betrieb war, deren genaue Lage jedoch unbekannt ist. Diese Brennerei schloß 1837; die heutige Tullibardine-Brennerei wurde 1949 von Delme Evans und C. I. Barratt auf einem Brauereigelände erbaut. 1953 kauften Brodie Hepburn, Whisky-Broker in Glasgow, die Tullibardine Distillery Co. Ltd.; 1971 wurde sie Teil der Invergordon Distillers (Holdings) Ltd. (heute Whyte & Mackay). Die Brennerei wurde 1973 umgebaut und die Zahl der Brennblasen von zwei auf vier erhöht. Obwohl sie seit Januar 1995 »eingemottet« ist, sind noch große Bestände des Single Malt erhältlich.

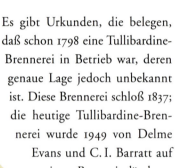

Brennerei-Angaben

- 1949
- The Whyte & Mackay Group Plc
- The Ochil Hills
- 2 Wash 2 Spirit
- Amerikan. Weißeiche
- keine Besuche

Verkostungsnotizen

ALTER: 10 Jahre, 40 %

DUFT: Leicht, warm, süß

GESCHMACK: Ein gut abgerundeter Malt mit Frucht- und Gewürzspuren; langer, süßer Abgang

Yoichi

JAPAN

Hokkaido Distillery, Kurokawa-cho 7 chome-6, Yoichi-cho,
Yoichi-gun, Hokkaido 046, Japan
Tel: 0081-135 23 3131   Fax: 0081-135 23 2202

Als Masataka Taketsuru nach seinem Studium der Whisky-Herstellung an der Universität Glasgow aus Schottland zurückkehrte, suchte er nach einem Gelände mit idealen Bedingungen für eine Brennerei. Auf der Insel Hokkaido fand er in Yoichi einen solchen Platz. Das Gelände ist auf drei Seiten von Bergen umgeben; auf der vierten Seite liegt der Ozean. Hokkaido ist die nördlichste Insel Japans. Dort ist die Luft kühl und rein, und unterirdische Quellen, deren Wasser durch Torfmoore nach oben steigt, sorgen für eine ausreichende Wasserversorgung.

Die Brennerei wurde 1934 erbaut und stellt einen kräftigen, kupferfarbenen Single Malt Whisky her.

Brennerei-Angaben

- 1934
- Nikka Whisky Distilling Co. Ltd.
- Hiroshi Hayashi
- unterirdische Quellen
- 4 Wash 3 Spirit
- wiederverwendete und neue Sherry- und Bourbonfässer
- das ganze Jahr über

Alter und Auszeichnungen

Yoichi wird zwölfjährig abgefüllt; jährlich 10 000 Flaschen; normalerweise nur in Japan erhältlich

Verkostungsnotizen

ALTER: 12 Jahre
DUFT: Torfig, ein Hauch Sherry
GESCHMACK: Voller Körper, torfiger Geschmack; langer Abgang

Neue Brennereien, seltene Malts und Malt-Liköre

Neue Brennereien

Es gibt drei neue Brennereien in Schottland, wobei Balblair und Old Pulteney nicht wirklich neu sind, aber ihre neuen Besitzer müssen ihre Malts erst noch abfüllen.

Kininvie

SPEYSIDE

KININVIE DISTILLERY, DUFFTOWN, KEITH,
BANFFSHIRE AB55 4DH

Die Brennerei wurde 1990 von William Grant & Sons Ltd., den Besitzern von Glenfiddich und Balvenie, gegründet. Sie hat vier *spirit stills* und vier *wash stills* und wird derzeit von W. White geleitet. Bei so renommierten Besitzern wie William Grant & Sons Ltd. wird es sich gewiß um einen ganz besonderen Malt handeln.

Old Pulteney

HIGHLANDS

PULTENEY DISTILLERY, HUDDART STREET, WICK,
CAITHNESS KW1 5BD
TEL: 0044–1955 602371 FAX: 0044–1993 602279

Vor kurzem kauften Inver House Distillers Ltd. Old Pulteney; die Brennerei wurde 1826 von James Henderson gegründet, als Wick ein blühender Heringsfischer-Hafen war. Die Brennerei war vorher im Besitz von Allied Distillers, und Vorräte von Old Pulteney sind in den Altersstufen 8 und 15 Jahre bei Gordon & MacPhail erhältlich.

Balblair

HIGHLANDS

BALBLAIR DISTILLERY, EDDERTON, TAIN,
ROSS-SHIRE IV19 1LB
TEL: 0044–1862 821273 FAX: 0044–1862 821360

Balblair ist eine weitere Brennerei, die Allied Distillers im Jahr 1996 von Inver House Distillers Ltd. abgekauft wurde. Balblair wurde 1790 gegründet und ist somit eine der ältesten Malt-Whisky-Brennereien Schottlands. Gegenwärtig werden von Inver House die Lagerbestände geprüft, um das optimale Alter für einen Single Malt einschätzen zu können. Balblair-Vorräte von Allied Distillers sind noch immer bei einigen Fach- und Weinhändlern erhältlich.

Seltene Malts

Es gibt eine Reihe von Single Malt Whiskys, die Sie bei Ihrem Einzelhändler kaum erhalten werden. Hier folgt eine Liste von Brennereien, die geschlossen oder »eingemottet« wurden oder die nur für Verschnitte produzieren. Oft sind diese Malts nur als Spezialabfüllungen erhältlich und schwer zu finden.

Alt-a-Bhanie

Diese 1975 gegründete Brennerei ist ein Teil von Seagram Distillers Plc.; ihr Malt wird lediglich in den Whisky-Verschnitten des Unternehmens verwendet.

Balmenach

Diese Brennerei gehört United Distillers und wurde 1993 »eingemottet«. Ihr Malt ist als zwölfjähriger mit 43 % vielerorts erhältlich.

Banff

Diese Highland-Brennerei wurde 1983 geschlossen und abgerissen. Ein seltener Malt Whisky, der bei Gordon & MacPhail und bei Cadenheads erhältlich ist.

Braeval

Die Brennerei gehört zu Seagram Distillers Plc. und wurde 1973 gegründet; ihr Malt wird lediglich in den Whisky-Verschnitten des Unternehmens verwendet.

Coleburn

Diese Speyside-Brennerei von United Distillers schloß ihre Pforten endgültig im Jahr 1985. Gordon & MacPhail haben noch etwas Coleburn (1972) vorrätig.

Glen Albyn

Diese Brennerei wurde 1986 abgerissen; ihr Malt ist bei Gordon & MacPhail und Cadenheads erhältlich.

Glenglassaugh

Wurde 1986 »eingemottet« und gehört der Highland Distillers Company Plc. Glenglassaugh ist ein Highland Malt und als Jahrgang 1983 bei Gordon & MacPhail erhältlich.

Glen Mohr

Die Brennerei wurde 1983 geschlossen und 1986 abgerissen. Vorräte von Glen Mohr sind bei Gordon & MacPhail erhältlich.

Glen Scotia

Diese Campbeltown-Brennerei gehört der Loch Lomond Distillery Co. Ltd. und wurde 1994 stillgelegt. Vorräte sind bei den Herstellern von Glen Scotia erhältlich – als Vierzehnjähriger mit 43 % im Export, mit 40 % in Großbritannien.

Glenugie

Wurde 1983 geschlossen und ist nur bei Cadenheads erhältlich.

Glenury Royal

Gehörte einst zum Geschäftsbereich von United Distillers und wurde 1985 endgültig geschlossen. Ist als Zwölfjähriger mit 40 % erhältlich.

Inverleven

Inverleven ist im Besitz von Allied Distillers und ein Teil ihres Dumbarton-Brennereikomplexes für Grain Whisky. Inverleven wurde 1989 stillgelegt; Vorräte aus dem Jahr 1984 sind bei Gordon & MacPhail erhältlich.

Littlemill

Diese Lowland-Brennerei gehört der Loch Lomond Distillery Co. Ltd. und wurde 1992 stillgelegt. Vorräte einer achtjährigen Version mit 40 % bzw. 43 % für den Export sind vielerorts erhältlich.

Lochside

Diese Brennerei von Allied Distillers, die in Montrose liegt, wurde im Jahr 1991 geschlossen. Vorräte des zehnjährigen Lochside Malt Whiskys kann man noch in der Geschäftsstelle der Brennerei erwerben.

Millburn

Diese Brennerei schloß im Jahre 1985 ihre Pforten und wurde 1988 endgültig demontiert. Man kann allerdings noch immer an einige Vorräte ihres Highland-Malt bei Gordon & MacPhail kommen.

Pittyvaich

Diese Brennerei von United Distillers wurde im Jahr 1993 »eingemottet«. Allerdings ist ein Vorrat von Pittyvaich als Zwölfjähriger mit 43 % weiterhin erhältlich.

Port Ellen

Diese Islay-Brennerei ist im Besitz von United Distillers und schloß im Jahr 1983 ihre Pforten. Vorräte von Port Ellen (1979) sind noch bei Gordon & MacPhail erhältlich. Port Ellen war die erste Brennerei, die ihren Malt Whisky in den 40er Jahren des vergangenen Jahrhunderts direkt in die Vereinigten Staaten exportierte.

St. Magdalene

Diese Lowland-Brennerei schloß 1983 und ist jetzt in einen Wohnkomplex umgewandelt. St. Magdalene (1966) ist bei Gordon & MacPhail erhältlich.

Spey Royal

International Distillers & Vintners verwendet diesen Malt für ihre Whisky-Verschnitte.

Tamnavulin

Tamnavulin gehört zur Whyte & Mackay Group Plc. und wurde 1995 »eingemottet«. Einige Flaschen des zehnjährigen Tamnavulin mit 40 % sind noch erhältlich.

Die Bar im Athenaeum Hotel

Malt-Liköre

Es gibt überraschend viele schottische und irische Malt-Liköre.

Malt-Liköre aus Schottland

Drambuie

Erhältlich in großen und in Miniaturflaschen (40 %). Er wird als »Bonnie Prince Charlie's Likör« vertrieben. Das Rezept, so heißt es, sei Captain John Mackinnon für seine Loyalität bei der Schlacht von Culloden 1746 überreicht worden. Drambuie ist ein süßer Likör mit Honig- und Fruchtnoten.

Dunkeld Atholl Brose

Atholl Brose geht auf ein traditionelles Rezept zurück und besteht aus Hafermehl, Honig, Wasser und Whisky. Dieser Likör wird von Gordon & MacPhail hergestellt und als zwölfjähriger mit einem Alkoholgehalt von 35 % verkauft.

Glayva

Glayva (gälisch »sehr gut«) wird von der Whyte & Mackay Group vertrieben. Dieser süße Likör eignet sich gut als Digestif; er hat eine geschmeidige Konsistenz und eine Spur von Zitrusfrüchten.

The Glenturret
Original Single Malt Liqueur

Die 1775 gegründete Glenturret-Brennerei ist eine der ältesten Malt-Whisky-Brennereien. Ihr sehr hochwertiger Single Malt wird unter Zugabe von Kräutern im Glenturret Malt Liqueur verwendet. Diesen weichen, aromatischen Likör kann man entweder pur oder mit Soda bzw. Limonade als erfrischenden Long Drink genießen.

Heather Cream Liqueur

Heather Cream gehört zu Inver House Distillers, die auch die Brennereien An Cnoc, Speyburn, Pulteney und Balblair besitzen. Heather Cream ist eine Mischung aus Sahne und Malt Whisky; ein süßer, weicher Likör.

Stag's Breath Liqueur

Dieser Name ist Sir Compton Mackenzies Buch »Whisky Galore« über den Untergang der *S. S. Politician* entlehnt, bei dem unter anderem auch Stag's Breath Whisky (»Atem des Hirschs«) über Bord ging. Dieser Likör ist eine Mischung aus Speyside-Whisky und Honig.

Wallace
Single Malt Liqueur

Wallace Single Malt Liqueur wird von Burn Stewart Distillers vertrieben und aus Deanston Single Malt Whisky sowie einer Beeren- und Kräutermischung hergestellt. Das Ergebnis ist ein warmer, angenehmer Digestif-Likör, den man mit Soda, Fruchtsaft und Eis mischen kann.

Malt-Liköre aus Irland

Baileys

Baileys Original Irish Cream wird von R. & A. Bailey in Dublin hergestellt und gilt als Marktführer. Dieser süße Likör aus Honig, Schokolade und Whiskey hat einen Alkoholgehalt von 17 %. Baileys Light, eine kalorienärmere Variante, wird viel in den Vereinigten Staaten verkauft.

Carolans

Carolans Irish Cream Liqueur kam 1978 auf den Markt und ist ein sehr beliebter Drink nach dem Essen. Carolans vertreiben ebenfalls Carolans Irish Coffee Cream, vorwiegend in den Vereinigten Staaten.

Eblana

Eblana ist ein neuer Likör aus der Cooley-Brennerei (Alkoholgehalt 40 %) mit einem vollen, süßen Geschmack.

Emmets

Dies ist ein weiterer Sahne-Likör aus demselben Hause, aus dem auch Baileys kommt. Der Likör wurde nach dem irischen Nationalhelden Robert Emmet benannt, der 1803 für seine Teilnahme an einer Revolte gegen die britische Herrschaft hingerichtet wurde.

Irish Mist

Irish Mist wird von demselben Unternehmen wie Carolans hergestellt und ist seit den frühen 50er Jahren auf dem Markt. Ein aromatischer Likör mit Kräutern, Honig und Whiskey.

Sheridans

Sheridans wird in charakteristischen Flaschen mit 17 % in der Vanille-Sahne-Version sowie mit 19,5 % in der Schokolade-Kaffee-Version abgefüllt. Diese vollmundigen und wärmenden Liköre stammen ebenfalls aus dem Geschäftsbereich von Baileys.

Anhang

Glossar

Schottische Wörter in geographischen Angaben

Ben
: Ein Hügel oder Berg.

Burn
: Ein Fluß oder Bach.

Loch
: Ein See, in den ein Fluß mündet oder aus dem ein Fluß herausfließt.

Paps
: Berge, bekannt vor allem von den Paps of Jura, hohen Bergen auf der Insel Jura an der schottischen Westküste; wörtlich bedeutet der Begriff »Brüste«.

Rill
: Ein Flüßchen oder ein kleiner Bach.

Fachbegriffe aus dem Brennerei-Wesen

Böttcher
: Ein Handwerker, der hölzerne Fässer herstellt und repariert.

Brennblasen (stills)
: Sie werden üblicherweise aus Kupfer hergestellt und produzieren den Whisky nicht kontinuierlich, sondern schubweise. Die Brennblasen werden von unten befeuert, so daß sich die Flüssigkeit in ihrem Inneren erhitzt und der Alkoholdampf freigesetzt wird.
Es gibt unterschiedliche Arten von Brennblasen:
Wash stills   Hier findet der erste Destillationsvorgang statt. Die vergorene Flüssigkeit (*wash*) wird aus den Gärbottichen in diese Brennblase (*wash still*) gepumpt, aus der der Alkohol austritt.
Spirit stills   Hier findet der zweite Destillationsvorgang statt. Der aus den *spirit stills* ausgetretene Alkohol wird in Fässern gelagert.
Coffey-still (Säulendestillation)   Im Jahr 1831 erfand Aeneas Coffey diese nach ihm benannte Brennblase. Ihr Prinzip ist einfach: Die Brennblasen müssen nicht geleert und wieder

Glossar

gefüllt werden, sondern die Würze fließt vom Kopfende einer langen Säule (Rektifizierer) im Zickzack nach unten. Dann wird sie in das Kopfende einer zweiten Säule (*analyzer*) gepumpt, während gleichzeitig Dampf von unten hinaufgetrieben wird. Dieser Dampf nimmt den Alkohol auf und wird zum Fußende der Rektifizier-Säule geleitet. Hier steigt der Dampf weiter auf, während das Destillat kondensiert und an der Spitze der Säule entnommen werden kann. *Coffey-stills* sind 12–15 m hoch; sie werden nur für die Produktion von Grain Whiskys verwendet.

Dreifachdestillation   Bei dreifach gebranntem Single Malt Whisky wird der Alkohol zweimal in der *spirit still* destilliert.

Eingemottet   Einige Brennereien werden für eine Zeitlang stillgelegt, können jedoch jederzeit wiedereröffnen. In der schottischen Whisky-Produktion bezeichnet man diese Brennereien als eingemottet (*mothballed*): Alles wird im ursprünglichen Zustand erhalten, bis der Tag kommt, an dem die Produktion wiederaufgenommen wird.

Fässer   Die Brennereien verwenden unterschiedliche Faßtypen, in denen sie ihren Whisky reifen lassen:

Faßtyp	*Ungefährer Inhalt in Liter*
Butt	380
Hogshead	230–260
American Barrel	135–160
Quarter	100–130

Faßstärke   Whisky in Faßstärke wird mit dem Alkoholgehalt verkauft, mit dem er aus dem Faß kommt. Die Faßstärke beträgt normalerweise 60 % vol. (120 USA Proof).

Gärbottiche   In diese großen, üblicherweise hölzernen Kessel mit einem Fassungsvermögen von 11 000–57 000 Litern wird aus dem Mai-

Glossar

schebottich die Würze gepumpt; dann gibt man Hefe hinzu, um sie in Alkohol umzuwandeln.

Gemälzte Gerste — Zum Keimen gebrachte Gerste wird auch als »gemälzte Gerste« bezeichnet, wenn die Fermente, die der Gerste den malzigen Geschmack verleihen, freigesetzt wurden.

Low wines — Zwischendestillat, das in der ersten Brennblase entsteht und noch einmal gebrannt werden muß, da es noch unangenehm schmeckt.

Maischebottiche — Große, runde Kessel mit einem Deckel, oft aus Kupfer angefertigt. Im Inneren des Maischebottichs drehen sich mechanische Rührstangen, die die Gerste mit kochendem Wasser vermischen. Der Boden des Bottichs verfügt über eingelassene Filter, die es ermöglichen, daß die Flüssigkeit abfließt, während die festen Bestandteile (Trester) im Inneren des Maischebottichs zurückbleiben.

Maischen — Der Malzschrot wird in einem Maischebottich mit heißem Wasser vermischt.

Malzboden oder *Malztenne* — In einer traditionellen Brennerei wird die Gerste für zwei oder drei Tage in Wasser eingeweicht und dann auf einem steinernen Malzboden ausgebreitet, bis die Keimung beginnt.

Malzdarre — Eine althergebrachte Methode zur Trocknung gemälzter Gerste besteht darin, Rauch (meist eines Torffeuers) durch ein feines Netz in die darauf liegende Gerste dringen zu lassen.

Malzschrot — Das getrocknete Malz wird fein zermahlen und dann als Malzschrot (*grist*) bezeichnet.

Nachlauf — Nachdem das reine Destillat, der *spirit still*, entnommen wurde, wird der kondensierte Dampf schwächer und ist nicht mehr rein. Den Nachlauf (*Feints*) läßt man als unbrauchbar ablaufen.

Saladin-Mälzer — Eine maschinelle Methode zur Keimung der Gerste, die in großen Kästen mit temperaturregulierter Luft durchgeblasen und mechanisch gewendet wird.

Glossar

Single Cask Whisky   Dabei handelt es sich um Whisky aus nur einem Faß, der üblicherweise numeriert und in begrenztem Umfang abgefüllt wird. Dieser Single Malt wird entweder in Faßstärke oder verdünnt mit 40 % abgefüllt.

Spirit stills   s. Brennblasen

Stills   s. Brennblasen

Trester   Die festen Bestandteile, die auf dem Grund des Maischebottichs zurückbleiben. Trester findet als Viehfutter Verwendung.

Vorlauf   Hierbei handelt es sich um die erste von der *spirit still* hergestellte Flüssigkeit, die entsteht, wenn der Dampf anfängt zu kondensieren. Vorläufe (*Foreshots*) trüben sich unter Beigabe von Wasser, da ihr Destillat noch unrein ist. Auch den Vorlauf läßt man als unbrauchbar ablaufen.

Wash stills   s. Brennblasen

Wash   Die aus dem Maischebottich abgezogene Flüssigkeit wird gewöhnlich als Würze (*wort*) bezeichnet, manchmal jedoch auch *wash* genannt.

Würze   Die aus dem Maischebottich abgezogene Flüssigkeit (= *wash*).

Zoll- und Steuerbehörde (Customs & Excise Officer's House)   Diese Behörde kontrollierte die Whisky-Herstellung der Brennereien, die eine Konzession erhalten hatten. Um dies bewerkstelligen zu können, wohnten die Beamten der Steuerbehörde oft auf dem Gelände der Brennereien. Heute liegt es in der Verantwortung des Brennerei-Managers, seine Whisky-Vorräte zu überprüfen.

Andere interessante Einzelheiten

Beeching 1967   Dr. Thomas Beeching war 1967 für die Rationalisierung des Eisenbahnnetzes in Großbritannien verantwortlich: Viele Nebenlinien wurden stillgelegt, und abgelegene Gemeinden verloren ihr einziges öffentliches Transportmittel.

Whisky-Rezepte

Whisky wird üblicherweise als Aperitif oder als Digestif gereicht. Viele Leute genießen Whisky auch in einem Cocktail. Außerdem paßt er ausgezeichnet zu einer Mahlzeit – vor allem in der St.-Andrews-Nacht, die nach dem schottischen Schutzheiligen benannt ist, oder beim traditionellen *Burns' Supper* am 25. Januar zu Ehren von Robert Burns (1759–1796), einem der großen schottischen Dichter, der in mehreren seiner Gedichte auch den Whisky besang. Zu solchen schottischen Feiern gehört Haggis, eine große, runde Wurst aus Zwiebeln, Gewürzen, Hafermehl und Lamm, über die traditionellerweise ein Glas Whisky gegossen wird.

COCKTAILS

Whisky Collins

2 cl Scotch Whisky
1 Teelöffel Zuckersirup
Selters
Saft von 1/2 Zitrone
Angostura-Magenbitter

Geben Sie etwas Eis und den Zitronensaft in ein hohes Glas und gießen Sie dann den Zuckersirup und den Whisky hinein. Füllen Sie das Glas mit Selters und einigen Tropfen Angostura auf. Umrühren und das ganze mit einer Zitronenscheibe servieren.

John Milroy's Grog

1 Teelöffel Honig
2 cl Malt Whisky
2 cl grüner Ingwerwein
Saft von 1/2 Zitrone
1 Gewürznelke
kochendes Wasser

Lösen Sie den Honig in etwas kochendem Wasser auf. Geben Sie die Gewürznelke, den Zitronensaft, den Malt Whisky und den Ingwerwein zu. Rühren Sie um, während Sie noch 6 cl kochendes Wasser zugeben.

Whisky-Rezepte

Bobby Burns

1/2 Tasse Scotch Whisky
1/4 Tasse trockener Wermut
1/4 Tasse süßer Wermut
ein Schuß Benedictine

Verrühren Sie alle Zutaten in einem mit zerkleinertem Eis gefüllten Glas. Mit einem Ring Zitronenschale servieren.

Scotch Old Fashioned

2 cl Scotch Whisky
3 Schuß Angostura-Magenbitter
ein kleines Stück Zucker

Geben Sie Zucker und Magenbitter sowie etwas Wasser in ein Glas. Whisky und Eis hineinrühren. Nach Wunsch eine Orangenscheibe und eine Kirsche hinzugeben.

KOCHEN MIT WHISKY

Suppen, Salate, Steaks und Desserts mit Whisky zuzubereiten, mag ungewöhnlich erscheinen, zeitigt aber exzellente Resultate. Für Vorspeisen und Hauptgerichte genügt ein Whisky-Verschnitt, aber im Dessert ist ein Single Malt sein Geld wert. Alle folgenden Rezepte sind für vier Personen gedacht.

Avocado-Cocktail

2 Avocados, geschält und in kleine Würfel geschnitten
Salatdressing aus Olivenöl, Whisky-Verschnitt, Zitronensaft, einem Quentchen Zucker, Pfeffer und Salz angerührt
Salat

Legen Sie den Salat auf jeden Teller, verteilen Sie die Avocado-Würfel darauf und übergießen Sie alles mit dem Dressing.

Marinierte Pilze

200 g junge Pilze (in feinen Scheiben)
3 Eßlöffel Whisky
3 Eßlöffel Öl
Saft von 1/2 Zitrone
etwas Zucker
einige gemahlene Koriandersamen; Pfeffer, Salz und gemischte Küchenkräuter

Alle Zutaten einfach in eine Schüssel geben, gründlich mischen, abdecken und bei gelegentlichem Umrühren etwa einenhalb Stunden stehen lassen.

Whisky-Rezepte

Steak & Scotch

Bereiten Sie Ihr Steak wie üblich in einer Pfanne zu. Nehmen Sie es dann heraus und stellen Sie es zum Warmhalten in den Ofen. Stellen Sie die Pfanne wieder auf den Herd und geben Sie 2 cl Whisky zum Bratensaft hinzu. Ist die Mischung etwas eingedickt, gießen Sie sie über das Steak.

Whisky-Cremespeise

2 Eßlöffel Malt Whisky
1/4 Liter Milch
50 g Sahne
4 Eigelb
3 Eßlöffel gesiebte Orangenmarmelade
eine Prise Muskatnuß

Erhitzen Sie Milch und Sahne in einer Pfanne. Verrühren Sie Eigelb, Whisky, Gewürze und Marmelade miteinander und gießen Sie das Ganze zusammen mit der Milch in eine Schüssel. Erhitzen Sie die Mischung nun vorsichtig in der Schüssel über einem Topf mit heißem Wasser, bis sie dick und cremig wird. Die Creme in Dessertschalen füllen und abkühlen lassen.

Pasta mit geräuchertem Lachs

Whisky paßt besonders gut zu Hummer, Kammuscheln und Lachs.

250 g Nudeln (Penne oder Rigatoni)
125 g geräucherter Lachs in dünnen Streifen
150 ml Sahne
2 Knoblauchzehen
30 g Butter
1 mittelgroße Zwiebel (fein geschnitten)
Salz und Pfeffer
Parmesan-Käse
2 cl Whisky

Kochen Sie die Sahne zusammen mit dem Knoblauch in einem Topf, bis die Knoblauchzehen weich sind. Nehmen Sie dann den Knoblauch heraus und stellen Sie den Topf zur Seite. Braten Sie die Zwiebel in Butter golden (aber nicht braun), geben Sie sie in die abgeschmeckte Sahne und rühren Sie um, bis die Sahne beginnt steif zu werden; geben Sie dann Salz und Pfeffer, den Whisky und ein Glas Wasser hinzu.

Kochen Sie die Pasta in der Zwischenzeit in einem Topf mit Salzwasser und lassen Sie sie gut abtropfen. Geben Sie die Soße zu der Pasta, rühren Sie den geräucherten Lachs hinein und servieren Sie das Ganze heiß mit Parmesankäse.

Single Malt Whisky probieren

Wer zum ersten Mal Single Malt trinkt, möchte vielleicht nicht sofort in eine ganze Flasche investieren. Whiskys sind allerdings auch in Miniaturflaschen erhältlich, die sich für den Einstieg sehr gut eignen. Auch bieten weltweit viele Restaurants und Hotels dem Whisky-Trinker eine gute Auswahl an Single Malts zum Probieren und Genießen an.

Hotels, Restaurants und Pubs in Großbritannien

Die meisten größeren Hotels in Großbritannien haben ein gutes Whisky-Sortiment.

Das Athenaeum-Hotel am Piccadilly Square in London verfügt über eine ganz besondere Malt-Whisky-Bar mit über 70 verschiedenen Malts. Besucher erhalten an der Bar einen *passport*, in dem alle verfügbaren Whiskys aufgelistet sind und der jedesmal gestempelt wird, wenn Sie einen anderen Malt wählen. Besucher des Nobody Inn in Doddiscombleigh in Devon finden ebenfalls eine große Auswahl Single Malts vor.

In Schottland gibt es zahlreiche Hotels und Gasthäuser, in denen Single Malt Whisky verkauft wird. Das Gleneagles- und das Turnberry-Hotel bieten ein großes Single-Malt-Sortiment. In der Borestone Bar in Stirling gibt es sogar 1000 unterschiedliche Malts hinter der Bar.

Hotels, Restaurants und Bars in den Vereinigten Staaten

Die meisten führenden Hotels in den Vereinigten Staaten bieten eine gute Auswahl schottischer Whiskys an. Auch hier seien zwei Restaurants genannt:

Windows on the World (212–938 1111), One World Trade Center, Manhattan, New York.

Tavern on the Green (212–873 3200), Central Park an der 67. Straße, New York.

Single Malt Whisky einkaufen

Wo kauft man Whisky in Grossbritannien?

Die meisten Spirituosengeschäfte an den Hauptstraßen haben eine Auswahl an Single Malts auf Lager; sie ist von Geschäft zu Geschäft und je nach Jahreszeit verschieden. Zu Weihnachten sind am meisten Malt Whiskys erhältlich. Oddbins führt vermutlich das größte Single-Malt-Whisky-Sortiment und hat oft Sonderangebote, auf die zu achten sich sehr lohnt.

Es gibt einige Brennereien, die nie wieder Malt Whisky herstellen werden – zum Beispiel St. Magdalen, die zu einer Wohnsiedlung umgebaut wurde. Bei anderen dagegen wäre es unwirtschaftlich, sie wieder instand zu setzen. Bevor sie stillgelegt wurden, hat man ihre Vorräte an hochwertigem Malt Whisky jedoch in Fässer gefüllt, und sie werden dem Whiskykenner nach und nach zugänglich gemacht. Diese Spezialabfüllungen sind in das Verzeichnis als »Seltene Malts« aufgenommen worden. Darüber hinaus gibt es Spezialabfüllungen von nur einem Faß oder auch in einer Altersstufe, die normalerweise nicht erhältlich ist. Sie können beim Fachhändler oder über Handelsgesellschaften eingekauft werden. Die folgenden Angaben dazu sind natürlich nicht endgültig, sondern geben nur Hinweise darauf, wo der gewissenhafte Whisky-Trinker verborgene Schätze finden könnte.

Gordon & MacPhail ist ein Familienunternehmen und wurde 1895 gegründet. Hier lagert eine außerordentlich umfangreiche Whiskyauswahl; darunter ist auch die Handelsmarke »Connoisseur's Choice«. Viele der Whiskys, die sich unter dieser Rubrik finden, sind für gewöhnlich nicht als Single Malt erhältlich, da die gesamte Produktion der betreffenden Brennerei möglicherweise für Verschnitte verwendet wird oder auch eingestellt wurde. Gordon & MacPhail haben vor kurzem die Brennerei in Benromach, deren Produktion viele Jahre lang geruht hatte, zu neuem Leben erweckt. Das Unternehmen vertreibt zudem eine Auswahl von Vatted Malts unter der Bezeichnung »Pride of the Regions«. Von ihrem Geschäft aus (unterhalb von

Edinburgh Castle) vertreibt die Firma eine großes Angebot an Malt-Abfüllungen in Faßstärke (um 57 %), viele davon in Altersstufen, die man sonst nirgendwo finden kann. Überdies führt sie eine große Auswahl an Standard-Abfüllungen, die für gewöhnlich einen Alkoholgehalt von 46 % haben.

John Milroy gründete vor kurzem seine eigene Firma für Abfüllung und Handel, und es wird sich sicher lohnen, nach seinen Whiskys Ausschau zu halten.

Die **Scotch Malt Whisky Society** wurde 1983 gegründet und bietet ihren Mitgliedern zahlreiche Malts an, die direkt aus dem Faß kommen. Sie sind von erheblich höherem Alkoholgehalt als die Standard-Abfüllungen, und da jedes Faß verschieden ist, ist auch die Auswahl beträchtlich. Die Gesellschaft, die einen renommierten Standort in Leith (dem alten Hafen von Edinburgh) hat, stellt ihren Mitgliedern eine Lounge Bar, einen Verkostungsraum und andere Einrichtungen zur Verfügung. Sie organisiert außerdem Verkostungen in ganz Großbritannien. Es gibt zudem Scotch Malt Whisky Societies in Frankreich, der Schweiz, den Niederlanden, Japan und den Vereinigten Staaten. Nähere Einzelheiten über sie können im Edinburgher Büro erfragt werden.

Wo kauft man Whisky?

Einige gängige Marken werden in den meisten gut sortierten Supermärkten angeboten. In der Regel sollten Sie jedoch im Feinkostgeschäft oder im Fachhandel suchen, wo man Sie sicher auch gerne beraten wird. Schließlich gibt es die Möglichkeit, direkt einen Großhändler zu kontaktieren bzw. den Malt Whisky über das Internet zu bestellen (Adressen auf den Seiten 252–254).

Whisky als Investition

Zur Zeit wird sehr viel dafür geworben, in Whisky zu investieren. Besonders Unternehmen, die nicht zur schottischen Whisky-Branche gehören, empfehlen den Whisky-Ankauf als lukrative Investition. Die Scotch Whisky Association hat eine Informationsbroschüre herausgebracht, in der sie potentielle Investoren warnt, daß »diese Branche auf eine Art und Weise arbeitet, die sie für Kapitalanlagen wenig geeignet erscheinen läßt. Sie ist unreglementiert, und es gibt keine Whisky-Börse, an der man handeln könnte. Der Rat des Verfassers ist: Möchten Sie ein Faß Whisky kaufen, dann tun Sie es, aber nur zum Vergnügen; gehen Sie nicht davon aus, daß Sie viel Geld verdienen werden, wenn der Whisky reift.« Käufer eines Fasses sollten auch bedenken, daß der Whisky bei seiner Abfüllung der Verbrauchssteuer unterliegt, und zwar zum aktuellen Steuersatz, nicht zu dem zum Zeitpunkt des Faßkaufes.

Whisky-Auktionen

Christie's führt in Schottland von Zeit zu Zeit Whisky-Auktionen für Fachleute durch. Die Preise für einzelne Flaschen können dabei sehr hoch sein. Bei einer Auktion am 9. Mai 1996 wurde zum Beispiel eine Flasche The Glenlivet Jubilee Reserve für $ 510 verkauft. Whisky-Auktionen geben dem Kenner die Gelegenheit, einen ganz besonderen Malt zu kaufen, und besondere Flaschen gewinnen an Wert.

Verpackungen von limitierten Abfüllungen sowie Spezialabfüllungen und Miniaturen

Es ist recht einfach, Spezialabfüllungen und Verpackungen von limitierten Abfüllungen für den Aufbau einer Malt-Whisky-Sammlung zu finden. Und wer weiß – vielleicht ist Ihre Spezialabfüllung oder Ihre Verpackung einmal etwas wert. Trinken Sie den Whisky nicht und halten Sie die Verpackung sauber. Miniaturflaschen zu sammeln ist faszinierend, da viele Malts als Souvenir abgefüllt werden.

Nützliche Adressen

Es wäre ein unmögliches Unterfangen, detaillierte Informationen über alle Händler und Gesellschaften geben zu wollen, die mit Single Malt Whisky zu tun haben, aber diese Liste soll Ihnen einen Überblick über die international wichtigsten Institutionen geben. Des weiteren finden Sie hier Adressen von Händlern und Probierstuben.

DEUTSCHLAND

Bacardi Deutschland
Spitaler Str. 16
20095 Hamburg
Tel.: 040–33 95 00
(Importeur Cardhu)

Borco-Marken-Import
Matthiesen GmbH & Co.
Winsbergring 14–22
22525 Hamburg
Tel.: 040–85 31 60
(Importeur Miltonduff)

Caledonian Connection
Single Malts & Stuff
Peisser Str. 3
85053 Ingolstadt
Tel: 0841–69 055
(Geschäft, Versand)

Celtic Whisk(e)y
Bulmannstr. 26
90459 Nürnberg
Tel: 0911–43 98 928
(Geschäft, Versand)

Dudelsack
Treibgasse 6
63739 Aschaffenburg
Tel: 06021–21 96 54

Eggers & Franke
Töferbohm 8
28195 Bremen
Tel.: 0421–3053–0
(Importeur Old Fettercairn)

Hanseatische Weinhandels-
gesellschaft mbH & Co. KG
Am Neustadtbahnhof 3
28199 Bremen
Tel: 0421–50 63 38
(Importeur Glenfarclas & Springbank, Großhandel)

The House of Whiskies
Schnepker Str. 24–26
28857 Syke-Schnepke
Tel: 04242–1537
(Großhandel)

IGM Importgesellschaft gro-
ßer Markengetränke mbH
Schloßstr. 18–20
56068 Koblenz
Tel: 0261–390 090
(Importeur Aberlour)

Jacobi Allied Domecq
Spirits & Wine GmbH
Grunbacher Str. 63
71384 Weinstadt
Tel.: 07151–60 70
(Importeur Glendronach, Laphroaig, Scapa, Tormore)

J. J. Jacobson Import
Husumer Str. 200
24941 Flensburg
0461–93 001/93 002
(Importeur The Deanston, Ledaig, Tobermory)

Moët-Hennessy
Deutschland GmbH
Max-Planck-Str. 8
85609 Aschheim/Dornach
Tel.: 089–99 421–0
(Importeur Ardbeg, Glenmorangie, Glen Moray)

Rémy Deutschland GmbH
Söhnleinstr. 8
65201 Wiesbaden
Tel.: 0611–25 001
(Importeur Bunnahabhain, Highland Park, The Macallan)

Nützliche Adressen

Roland-Marken-Import GmbH
Postfach 10 21 49
28021 Bremen
Tel.: 0421–3994–200
(Importeur Glengoyne)

D. V. Schlumberger KG
Buschstr. 20
53340 Meckenheim
Tel: 02225–925–0
(Importeur Auchentoshan, Bowmore, Glen Garioch, Glenturret)

Scoma
Scotch Malt Whisky GmbH
Am Bullhamm 17
26441 Jever
Tel: 04461–91 22 37
(Versand)

tara Whisk(e)y
Schleißheimer Str. 151
80797 München
Tel: 089–307 978 80

Team Spirit International
Markengetränke GmbH
Hubert-Underberg-Allee 1
47495 Rheinberg
Tel.: 02843– 92 960
(Importeur Balvenie, Glenfiddich-The Glenlivet, Glen Grant)

Thomas' Choice of Whisky
Thomas Klink
Eichenallee 4a
21220 Seevetal
Tel: 04105–80 800
(Versand)

UDV Deutschland GmbH
Europastr. 10
65385 Rüdesheim
Tel.: 06722–12–0
(Importeur Royal Lochnagar, Sortiment »Classic Malts« mit Cragganmore, Dalwhinnie, Glenkinchie, Knockando, Lagavulin, Oban, Talisker)

The Whisky Store
Theresia Lüning
St. Heinricher Str. 42b
82402 Seeshaupt
Tel: 08801–2317
(Geschäft, Versand)

Whisky & Whiskey
Versandhandel Ingrid Herrmann
Gotthilf-Salzmann-Str. 34
67227 Frankenthal
Tel: 06233–47 066

GROSSBRITANNIEN

Allied Distillers Ltd.
2 Glasgow Road
Dumbarton G81 1ND
Tel: 0044–138–976 5111
Fax: 0044–138–976 3874

Ben Nevis
Distillery Ltd.
Lochy Bridge
Fort William PH33 6TJ
Tel: 0044–139–770 2476
Fax: 0044–139–770 2768

Berry Bros & Rudd Ltd.
3 St. James Street
London SW14 1EG
Tel: 0044–171–396 9666

Burn Stewart Distillers Plc.
8 Milton Road
College Milton North
East Kilbride G74 5BU
Tel: 0044–135–526 0999
Fax: 0044–135–526 4355

The Chivas and Glenlivet Group
The Ark
201 Talgarth Road
London W6 8BN
Tel: 0044–181–250 1801
Fax: 0044–181–250 1722

Nützliche Adressen

Glenmorangie Plc.
Macdonald House
18 Westeron Road
Broxburn
West Lothian EH52 5AQ
Tel: 0044-150-685 2929

Gordon & Macphail
George House
Boroughbriggs Road
Elgin Moray IV30 1JY
Tel: 0044-134-354 5111
Fax: 0044-134-354 0155

Inver House
Distillers Ltd.
Airdie
Lanarkshire ML6 8PL
Tel: 0044-123-676 9377
Fax: 0044-123-676 9781

Justerini & Brooks Ltd.
8 Henrietta Place
London W1M 9AG
Tel: 0044-171-518 5400
Fax: 0044-171-518 4651

Matthew Gloag &
Sons Ltd.
West Kinfauns
Perth PH2 7XZ
Tel: 0044-173-844 0000
Fax: 0044-173-861 8167

Morrison Bowmore
Distillers Ltd.
Springburn Road
Carlisle Street
Glasgow G21 1EQ
Tel: 0044-141-558 9011

United Distillers
Distillers House
33 Ellersly Road
Edinburgh, EH12 6JW
Tel: 0044-131-337 7373

Whyte & Mackay
Dalmore House
310 St. Vincent Street
Glasgow, G2 5RG
Tel: 0044-141-248 5771
Fax: 0044-141-221 1993

William Grant & Sons
Independence House
84 Lower Mortlake Rd
Richmond, Surrey
TW9 2HS
Tel: 0044-181-332 1188
Fax: 0044-181-332 1695

ÖSTERREICH

Asbach Austria
Stephansplatz 10
1010 Wien
Tel.: 0043-1 533 63 000

Bundesgremium des Wein-
und Spirituosengroßhandels
Wiedner Hauptstr. 63
1045 Wien
Tel.: 0043-1 50 10 50

SCHWEIZ

Best Taste Trading GmbH
Regensbergstr. 126
8050 Zürich
Tel.: 0041-1-31 27 30 3
(Geschäft, Großhandel)

Fritz Lanz AG
Lerzenstr. 24
8953 Dietikon
Tel.: 0041-1-74 39 363
(Geschäft, Großhandel)

Maurer Weine AG
Zeltweg 74
8032 Zürich
Tel.: 0041-1-26 17 373

Nessi Versand
Paul Ullrich AG
Laufenstr. 16
4018 Basel
Tel.: 0041-61 33 89 090
(Geschäft, Versand)

United Distillers Schweiz
(Geschäft, Großhandel)
Avenue de Florissant 39
Casé Postale 165
1008 Trilly-Lausanne
Tel.: 0041-62 62 030

Verband des Schweizerischen
Spirituosengewerbes (VSS)
Engestr. 3
3000 Bern 26

Register

A
A. & T. Gregory 192
Ainsle & Co. 94
Alkoholgehalt 16
Allardes, James 122
Allied Distillers Ltd. 58, 59, 119, 120, 122, 159, 167, 176, 187, 188, 204, 229, 234, 236
Alt-a-Bhanie 235
Arthur Bell & Sons Ltd. 77, 114, 168
Associated Scottish Distillers 75

B
Bacardi Ltd. 121
Barratt, C. I. 230
Barton Brands 170
Begg, John 201
Benmore Distilleries Ltd. 102
Berry Bros. & Rudd 157
Blended Whisky 15, 16, 55–56, 59, 61, 91, 119, 120, 122, 126, 142, 157, 172, 188, 217
Bloch Bros. 204
Blyth, A. P. 107
Borwick, Robert 163
Brickman, F. W. 64, 75
Britische Steuer und Zoll 23–24, 242
Brodie Hepburn 230
Brown, Peter und William 179
Burnfoot Distillery 138
Burn Stewart Distillers 109, 221, 239

C
Cadenheads 95, 97, 189, 235, 236
Cairns, Eadie 62
Calder, Sir James 107
Camelon Distillery 198
Cameron, Innes 219
Camlachie Distillery 88
Campbell, Archibald 174
Campbell Distillers 54, 116, 118
Chivas Brothers 214
Christie, George 112
Cocktails 16, 245–246
Coffey, Aeneas 241
Coffey stills 69, 241–242
Coleburn 235
Conacher, Elizabeth 77
Connell, George 138
Connemara 50
Cook & Bernheimer 107
Cooley 50, 239
Cooper, George 120
Cowie, George 192
Cumming, Elizabeth und John 92
Cumstie, Peter 194
Currie, Familie 60

D
Dailuaine Talisker Distilleries Ltd. 167
Dalmore-Whyte & Mackay Ltd. 105
Destillation 23–25
Distillers Co. Ltd. 88, 92, 94, 96, 98, 100, 102, 107, 126, 129, 154, 168, 174, 192, 209, 215
Doig, Charles 102, 129
Duff, John 71, 148, 181
Dufftown-Glenlivet Distillery Co. 114

E
Eblana 239
Edward, Alexander 64, 73, 98, 102, 194
Edward, David 73
Emmets 239
Evans, W. Delme 118, 230

F
Fermentierung 22
Findlater, James 192
Fleming, James 54, 100
Forres 75
Fraser, Robert 199
Fraser, William 199

G
Gilmour Thomson & Co. 120
Glen Elgin-Glenlivet Distillery Co. Ltd. 129
Glenkinchie Distillery Co. Ltd. 143
The Glenlivet and Glen Grant Distillers Ltd. 181
The Glenlivet Distillers Ltd. 91, 181
Glenlossie-Glenlivet Distillery 148
Glenmorangie Distillery Co. Ltd. 150
Glenmorangie Plc. 150, 152
Glen Moray Glenlivet Distillery Co. Ltd. 152
Glentauchers Distillery Co. 159
Gordon, Alexander 192
Gordon, Herzog 36, 145
Gordon, John 192
Gordon & MacPhail 75, 76, 91, 95, 97, 103, 119, 166, 188, 204, 228, 234, 235, 236, 237, 238, 249
Graham, John 174
Grain Whisky 15, 241–242
Grant, James 140, 181
Grant, Major James 90, 140
Grant, John 130, 140
Grant, William 66, 133, 217
Greenlees Brothers Ltd. 83, 126

H
Harper, James 94
Harvey, Familie 82
Hay & Macleod Ltd. 226
Henderson, Hector 88
Henderson, James 234
Higgin, Walter 194
Highland Distilleries Co. Ltd. 84, 156, 160, 166, 183, 217, 235
Hill, Thomson, & Co. Ltd. 181
Hobbs, Joseph 69
Hopkins, John 148
Hunter, Ian 176

I
Illegale Brennerei 10–11, 32, 35, 39, 122, 145–146, 174, 187, 219, 226
Innes, John 73
International Distillers & Vintners Ltd. 172, 206, 237
Invergordon Distillers 118
Inver House Distillers Ltd. 56, 209, 234, 238
Investition, in Whisky 251
Irish Distillers Ltd. 86
Irish Whiskey 23, 30, 42–43, 50
Islay Distillery Company 156
Isle of Arran Distillers Ltd. 60-61

J
J. & A. Mitchell & Co. Ltd. 210
J. & J. Grant 192
J. and G. Grant 130-31
James Buchanan & Co. Ltd. 159
James Watson & Co. 154
Japanischer Whisky 43, 190–191, 231–232
Jardine Matheson 104
J. G. Turney & Sons 116
J. J. Blanche & Co. Ltd. 129
John Bisset & Co. 199
John Dewar & Sons Ltd. 52, 64, 73
John Hopkins & Co. 208
Johnston, Alexander 176
Johnston, Donald 174, 176
Johnston, John 174
Johnstone, Robert 154
John Walker & Sons Ltd. 92, 192
J. R. O'Brien & Co. Ltd. 102
J. Thomson & Co. 172
Justerini & Brooks (Scotland) Ltd. 206

K
Kemp, Roderick 183
Kildalton Distilleries 58
Kilnflat Distillery 119
Kinvinie Distillery 234
Kirkleavington Property Co. 221
Knockando-Glenlivet Distillery Co. 172

L
Lagg Distillery 60
Lang, Brüder 138
Lawson, George 94
Ledaig Distillery (Tobermory) Ltd. 221
Leict, James 199
Linkwood-Glenlivet Distillery Co. Ltd. 179
Littlemill Distillery Co. Ltd 170
Loch Lomond Distillery Co. Ltd. 170, 236

Lochside 236
Long John Group 229
Longmore, William 213
Longmorn Distilleries Co. Ltd. 71–72, 181
Lyne of Ruthrie 73

M

Macallan-Glenlivet 183
MacAskill, Hugh & Kenneth 215
Macdonald, John 69
Macdonald and Muir 150–152
Macdonald, Greenlees Ltd. 126
MacDougal, Familie 58
Macduff Distillery 121
Mackenzie, Familie 105
Mackenzie, Peter 77
Mackenzie, Thomas 100, 167
Mackenzie, William 100
Mackessack, Douglas 140
Mackie, Sir Peter 98
Mackinlay McPherson Ltd. 118
Mackintosh, Donald 192
McCallum, Duncan 75
McClelland, Thomas 76
McKenzie, Alexander 154
McKenzie, Peter 73
McKenzie & Gallie 150
McLellan, Archibald C. 138
McLelland, John 138
McLennan, Alexander 154
McLennan, Donald 154
Mälzen 19–20
Matheson, Alexander 104
Mathieson, William 150
Messrs. Greig & Gillespie 64, 194
Milne, Alexander 213
Milton Distillery 143
Mitchell, Archibald und Hugh 210–211
Mitchell, John 199
Morrison, Stanley P. 80
Morrison-Bowmore Distillers Co. 62, 79–80, 136
Munro, Hugh 219
Munro, John 219
Munro & Cameron 219
Museum of Malt Whisky Production 143

N

Nicol, Margaret 119
Nikka Whisky Distilling Company Ltd. 43, 69, 190, 231

O

Oban & Aultmore-Glenlivet Distilleries Ltd. 64, 194
Ord Distillery 154
Orkney Isles, Region 33–34

P

Pattison, Robert 219
Pattisons Ltd. 12–13, 64, 129
Pernod-Ricard 54, 86, 116
Pittyvaich 236
P. Mackenzie & Co. 114
Pomeroy, George 213–214
Proof-System 16

R

R. & A. Bailey & Co. 239
Ramsay, Sir Alexander 196
Rankine, James 198
Rate, John und George 143
Reid, Alexander 183
Reifung 26–27
Robert Fraser & Co. 199
Robertson, David 163
Robertson, John 77
Robertson, Robert 77
Robertson & Baxter 138
Ross, Andrew 94
Ross, John McGilchrist 219

S

S. Campbell & Sons Ltd. 54
Scottish Malt Distillers Ltd. 143, 148, 179, 199, 219
Seagram Co. Ltd. 91, 140, 146, 235
Shirres, Charles 181
Sikes, Bartholomew 16
Simpson, Thomas 136
Simpson, William 129
Sinclair, John 221
Single Grain Whisky 15
Single Malt 15, 242
Smith, Bill 146
Smith, Familie 96
Smith, George 36–37, 145–146
Smith, John 146
Smith, William 73
Speyside Distillery Co. Ltd. 112
Speyside United Distillers 235
Stag's Breath Liqueur 238
Stanley P. Morrison (Agencies) Ltd. 136
St. Magdalene 237
Stevenson, Familie 194
Stewart, John 77
Stills 23, 24, 241–244
Strathspey Distillery 107

T

Taketsuru, Masataka 190, 231
Taylor, George 213
Thomas, Duncan 170
Thomson, George 181
Tochineal Distillery 168
Tomintoul-Glenlivet Distillery Co. Ltd. 196
Townsend, J. T. 204
Tullibardine Distillery Co. Ltd. 230

U

United Distillers 13, 15, 52, 64, 75, 76, 77, 92, 103, 107, 114, 126, 129, 148, 154, 159, 168, 185, 192, 194, 198, 199, 203, 235, 236
Usher, Adrian 12

V

Vatted Malts 15, 61

W

W. & S. Strong Ltd. 226
W. A. Gilbey Ltd. 172
Walker, Hiram 119, 204
W. Grant & Co. 156
Whisky, Definition des 14
Whisky verkosten 46, 50
Whyte & Mackay Group Plc. 15, 82, 105, 171, 196, 226, 230, 237, 238
William Grant & Sons Ltd. 13, 66, 133, 234
William Longmore & Co. Ltd. 213
Williamson, Bessie 176
William Teacher & Sons 59, 122
William Whiteley & Co. Ltd. 116
William Williams & Sons Ltd. 126
Wilson, Alexander 168
Wishaw Distillery 96
W. P. Lowrie & Co. Ltd. 159
Wright & Greig 102, 194

Bildnachweise:

Der Verlag möchte sich bei allen Brennereien und ihren Besitzern für die Bereitstellung des Bildmaterials bedanken. Die übrigen Bildrechte liegen bei:
The Glenturret Distillery Co. S. 1; Morrison Bowmore Distillers Ltd., S. 9, 18, 19; Alaister Skakles; S. 1, 11; Matthew Gloag & Son, S. 12, 17, 20, 22, 25, 27; William Grant & Son, S. 13, 26 und die schwarzweißen Illustrationen in Teil eins; Helen Arthur, S. 20 oben, 21; Allied Distillers Ltd. S. 23; Life File Photographic Agency, S. 24, 28, 29, 31, 32, 33, 34, 35, 36, 38, 78, 91, 103, 117, 149, 180, 186, 197, 255; Edinburgh Crystal S. 48 links.

Der Verlag bittet um Entschuldigung, wenn trotz aller Bemühungen in der Auflistung ein Bildnachweis vergessen worden sein sollte.